AF396810

DU
SORT DE L'HOMME

DANS TOUTES LES CONDITIONS.

DU

SORT DE L'HOMME

DANS TOUTES LES CONDITIONS;

DU SORT DES PEUPLES

DANS TOUS LES SIÈCLES;

ET, PLUS PARTICULIÈREMENT,

DU SORT DU PEUPLE FRANÇAIS;

PAR H. AZAÏS.

PREMIÈRE PARTIE.

THÉORIE FONDAMENTALE.

PARIS,

Chez L'AUTEUR, rue du Guay-Trouin, n° 3.
Et chez les principaux Libraires.

1820.

IMPRIMERIE DE DENUGON.

PRÉFACE.

La Société, en France, semble prête à se dissoudre. Cette situation menaçante procède de deux causes, l'une fondamentale, l'autre accidentelle. Celle-ci ne peut être convenablement indiquée qu'à l'aide de raisonnemens qui en préparent l'exposition : je l'indiquerai dans la troisième partie de cet ouvrage.

La cause fondamentale de nos troubles est plus ancienne et plus frappante; tout homme attentif la découvre :

Il n'existe plus, en France, une opinion essentielle, assez fortement persuadée, assez généralement répandue, pour former lien social; il n'existe plus une OPINION-PRINCIPE.

Sous ce rapport, le Peuple Français, et presque tous les Peuples Européens, sont dans l'état négatif; ils rejettent; ils ne remplacent pas.

On doit respecter profondément les intentions des écrivains sincères qui emploient beaucoup de zèle, de talent, d'éloquence, au rétablisement des liens antiques; mais ils ne réussissent pas. Leurs efforts même, quoique si estimables, contribuent à l'agitation qui nous dévore, parce qu'ils changent les dispositions négatives du siècle en révolte, en irritation.

La première condition du zèle, pour

être pacificateur, c'est d'avoir un objet possible.

Mais toute opinion-Principe est-elle devenue désormais impossible à l'homme? Conçoit-on que l'Esprit humain puisse rester sans point-d'appui dans ses sentimens, sans lien dans ses idées? Bien loin de le concevoir, on sent le contraire avec évidence. On sent que, dans l'univers, où tout s'enchaîne, où l'harmonie est constante, où l'ordre est immuable, la pensée humaine ne peut rester seule en désordre. Et quelle est la destinée de la Pensée humaine, si ce n'est de s'éclairer, de se perfectionner, de s'ordonner jusques au point de devenir la représentation de l'univers?

Donnons à cette destinée de la Pensée humaine son titre le plus simple :

Connaître ce qui est, c'est posséder la vérité. C'est donc la Vérité qui est appelée à fournir un jour le lien des sociétés humaines. S'il était sur la terre une Puissance qui pût à jamais l'empêcher d'être accueillie, cette Puissance serait bien fatale, mais bien formidable; elle serait plus formidable que celle du Créateur même, puisqu'elle aurait pour but la discorde universelle, et pour succès le cahos.

Ne la redoutons pas; le règne de la Vérité est inévitable; mais il devait être préparé par de longs tâtonnemens, par de longues ébauches, de même que la maturité de l'homme est préparée par son enfance et sa jeunesse.

La préparation est-elle terminée? Tout annonce du moins qu'elle s'avance; tous les Peuples civilisés réclament la liberté d'opinion, et la liberté d'examen. Toute la génération actuelle invoque donc la Vérité. Il n'est que la Vérité qui puisse toujours s'affermir, en étant sans cesse examinée. Lorsque, par les satisfactions continues qu'elle a données à la Raison de l'homme, elle a pris le caractère de l'évidence, son autorité est entière et irrévocable.

L'évidence absolue, et unanimement reconnue, est LA VOIX DE L'ÉTERNEL.

J'ai consacré ma vie à chercher la Vérité; je crois avoir fait, vers elle, quelques pas importans. L'ouvrage que je présente est le fruit d'une étude attentive, et que je n'ai pas précipitée. La première Partie, celle qui forme ce volume, est écrite depuis 1813. J'allais la faire paraître, lorsque j'en fus détourné par les menaces de violentes catastrophes.

Ces menaces se réalisèrent. Leur effet immédiat fut de donner aux esprits les apparences de dispositions nouvelles. Pendant les tempêtes, et le lendemain encore des tempêtes, la plupart des hommes ne sont profondément susceptibles que des opinions et des sentimens qui peuvent se combiner avec l'épouvante. Leur raison est suspendue. Mais peu à peu le temps la ramène. La Raison est fille de la Paix et du Temps,

Il m'a semblé qu'elle demandait aujourd'hui à être entendue; il m'a semblé même que le moment pressait; les idées humaines n'ayant plus, comme je l'ai dit, ni direction, ni liens, ni Principe : ce qui serait un précurseur alarmant d'anarchie, de décomposition, de bouleversemens.

Je suis loin de prétendre qu'il puisse appartenir à un Écrivain de prévenir, chez un peuple quelconque, une disposition imminente à l'anarchie. Son ouvrage fût-il le meilleur possible, le plus vrai, le plus fort, le plus sage, si déjà les idées qu'il expose n'existaient pas confusément dans la génération contemporaine, si cet Écrivain était autre chose que le Rédacteur attentif et méthodique des observations disséminées, des aperçus vulgaires ; en un mot, si un tel Écrivain était seul, de son siècle, à entendre la Raison, à posséder la Vérité, tous ses efforts seraient inutiles : parlant une langue étrangère, il ne serait pas écouté.

J'ai écouté mon siècle; j'ai étudié mes contemporains et leurs pensées; je suis déjà assez avancé dans la vie, et ma vie a été assez inégale, assez agitée, pour que j'aie pu communiquer avec des hommes de tout âge, de tout caractère, dans toutes les situations. J'ai rassemblé, et tout ce qu'ils me confiaient sans résistance, et tout ce qu'ils s'efforçaient de cacher à leurs propres regards. Je me suis assuré alors que ma manière d'être, de sentir, et de voir, était la manière commune, et que je pouvais, en toute assurance, peindre d'après moi-même, et les besoins de l'homme, et ses désirs et ses craintes, et ses peines et son bonheur. J'ai vu surtout que, laissant à part les intérêts de position et leur influence sur les idées, il n'y avait en réalité que des nuances légères entre mes opinions et celles de l'homme qui me paraissait le plus opposé; et qu'ainsi, puisque, dans ma conviction parfaite, c'était la Vérité qui se montrait à mon âme, mes contemporains possédaient déjà tous les élémens de la Vérité.

Vous qui me lirez, c'est donc une confidence que j'ai reçue de vous, et que je vous rapporte; ce que j'ai fait, et que vous n'aviez pas fait encore, a été de réunir en faisceaux, vos sentimens, vos opinions, et de leur donner pour lien une *idée-Principe;* mais ce n'est pas arbitrairement que j'ai choisi cette idée; il fallait que, par elle-même, elle se trouvât partie essentielle de toutes vos observations, et résultat essentiel de toutes vos épreuves; à ce titre seul, elle pouvait servir de lien, elle pouvait être Principe. Je n'avais donc pas même à me décider entre deux Pensées; une seule pouvait avoir pour caractère l'absolue généralité.

Cette généralité absolue, caractère essentiel de l'idée-Principe, ne se montrera sans réserve aux lecteurs de mon ouvrage, que lorsqu'ils auront parcouru les trois Parties dont je l'ai composé. Cependant, j'ai cru devoir ne publier encore que la première Partie. Voici mes motifs.

Cette première Partie est fondamentale; les deux autres en découlent. Pénétré de son importance, je n'ai cessé, depuis sept ans, de la retoucher, de m'en entretenir avec des personnes sensibles et éclairées; à la suite de chacun de ces entretiens, j'ai toujours éprouvé,

le besoin de modifier, ou de perfectionner plus ou moins de détails.

Je désire qu'un tel secours me soit
donné aujourd'hui avec plus d'étendue; j'invoque les observations, les résistances, les critiques; j'ai le droit d'attendre qu'elles auront toujours un caractère de bonne foi et de décence;
mon sujet le mérite; et je crois aussi le
mériter par le respect que je professe
pour mes lecteurs et pour mon sujet.

Je placerai mes réponses à la suite
de la troisième Partie, en les rappor-
tant aux observations qui les auront
appelées.

Mais j'ai un autre désir, et je vais le
confier au public. Pour cela, il faut
qu'il me permette de lui parler quelques instans de ma position personnelle.

J'habite, au sein de Paris, une maison solitaire ; un beau jardin l'environne ; je l'habite, mais je ne la possède pas. On s'est trompé, l'année dernière, lorsque l'on a répandu que je la tenais de la générosité de M. Decazes ; j'en dois encore la valeur. M. Decazes a appelé sur moi les bienfaits du Goûvernement ; il m'a retiré, il y a trois ans, d'une situation malheureuse ; je serai à jamais pénétré pour lui d'estime et de reconnaissance ; et ces sentimens me survivront dans le cœur de mes enfans. Mais, je le répète, cet ermitage, dans lequel il m'est si doux de trouver le silence, la retraite, la nature, et d'élever paisiblement ma famille, ne m'appartient pas encore ; l'acquérir pour le repos de ma vieillesse, et le laisser à mes enfans, est toute mon ambition.

Pour y parvenir, je me propose d'être désormais l'Éditeur de mes ouvrages, et de les offrir au public, non-seulement chez les libraires de Paris, mais chez moi, dans cette maison solitaire dont je viens de parler. Tous les jours, pendant deux heures, je serai à la disposition des personnes qui désireront se procurer l'un de mes ouvrages, et en discuter avec moi les principes. De deux heures à quatre heures pendant l'hiver, (du 15 octobre au 15 avril), et, pendant l'été, de six heures jusqu'à la nuit, il me sera très-agréable de faire connaissance avec les amateurs des sciences et de la philosophie, de me promener avec eux dans mon petit domaine, de répondre à leurs questions, à leurs observations, de profiter des

a.

lumières qu'ils me donneront, ou qu'ils m'exciteront à trouver. Si j'osais composer un mot qui peindrait nos rapports d'instruction et de confiance, je dirais : Nous *platoniserons* ensemble; la Nature et la Philosophie se trouveront toujours entre nous.

De telles conférences me fourniront les moyens de donner à la seconde et à la troisième Parties de mon ouvrage des développemens précieux. Ces deux Parties sont terminées; mais le cadre en est si étendu ! Je voudrais, avant de les publier, n'avoir rien négligé d'important. Ce que j'ose entreprendre, c'est une conciliation entre tous les sentimens de l'homme, et entre tous les Faits dont son expérience se compose; un tel objet mérite, ce me semble, que les hommes éclairés, amis de la raison, et de la paix sociale, se plaisent à y participer,

Mais je crois les entendre manifestant le désir de connaître d'avance le plan entier de mon ouvrage; le voici :

Dans la première Partie, que le lecteur a déjà sous les yeux, je commence par exposer le Principe qui règle la destinée de l'homme et la destinée des peuples. Ce Principe est nécessairement celui qui règle tous les mouvemens de l'univers; c'est ce qui m'impose l'obligation de le prendre à son origine, et, pour cela, de définir les mouvemens généraux du globe que nous habitons, ainsi que l'action organique de tous les Etres répandus sur sa surface.

On reconnaîtra que, dans un ouvrage de simple philosophie, où les

Sciences fondamentales ne pouvaient être développées, une telle exposition était difficile. Mais, comme elle était indispensable, car on ne bâtit que sur le ferme, il ne me restait qu'à la rendre à la fois claire et concise, en la réduisant aux faits essentiels, et en les présentant selon un ordre précis.

C'est à quoi j'ai donné tous mes soins; mais je prie le lecteur d'aider mes efforts par son attention.

Les cinq premiers Chapitres sont consacrés à ces bases de tout raisonnement philosophique. Dès le sixième Chapitre, les applications commencent; et alors mon sujet cesse d'exiger une gravité laborieuse.

De ces premiers développemens, je passe à l'examen des objections, ou observations, qui peuvent m'être opposées; je crois les avoir toutes prévues; cependant, comme je n'en ai point la certitude, j'en appelle aux réflexions et aux recherches des personnes qui ont l'habitude de la méditation; je recevrai leurs communications avec déférence.

Je crois d'ailleurs devoir leur rappeler que, dans un ouvrage fondé sur un Principe unique, il est nécessaire que toutes les applications, ou conséquences, soient liées immédiatement au Principe, et secondairement entre elles, de même que, dans un Edifice bien construit, toutes les parties extérieures, non-seulement reposent sur les bases, mais se soutiennent mutuellement.

Ainsi je prie le lecteur, lorsque ma réponse directe à une objection particulière lui paraîtra insuffisante, de considérer comme vraisemblable que les discussions suivantes fourniront un supplément. C'est surtout l'ensemble de mon Livre qui doit faire la force de chacune de mes pages. Ce Livre serait mal composé, s'il en était autrement.

Quoique j'aie consacré spécialement cette Première Partie, que l'on va lire, aux applications morales du Principe, je n'ai pu m'empêcher d'entrer fréquemment dans le domaine des applications politiques; l'action morale de l'individu est si fréquemment soumise à l'influence de la situation politique du Peuple dont il fait partie! Mais de telles excursions ne me dispensaient pas d'un Traité de Philosophie Politique; celle-ci, qui est la plus élevée et la plus

importante des sciences humaines, occupe toute la génération actuelle. De
cette disposition, qui est générale, non-
seulement en France, mais en Europe,
on doit conclure que l'Esprit humain
possède déjà, au degré suffisant, toutes
les Sciences préliminaires, ou d'observation directe; car le seul mobile de la
curiosité suffit pour que l'Esprit humain cherche à découvrir les choses
qu'il ignore; il ne s'arrête, dans l'étude
des faits matériels susceptibles d'être
observés, que lorsqu'il n'y en a plus
d'importans à examiner.

Aujourd'hui, en Politique, chacun
examine, combat, s'efforce de créer,
d'ordonner; ce qui montre le besoin
général, ce qui montre, en même temps,
que ce besoin n'a pas été satisfait encore.

La Philosophie Politique, couronnement de la Science humaine, ou Philosophie générale, ne peut être solidement appuyée que sur toutes les Sciences préliminaires, qui, comme autant d'étages successifs, doivent reposer elles-mêmes sur l'idée première et fondamentale. Ainsi, pour être parfaitement méthodique, et absolument inébranlable, un Traité de Philosophie Politique ne devrait être présenté que comme résultat général de la Science, et complément du Système universel. Tel sera le plan de l'ouvrage que je prépare. Mais, depuis trente ans, les idées politiques ont acquis, pour nous tous, un si grand intérêt, et, surtout, les événemens nous ont conduits à tant de réflexions, nous ont fourni tant de lumières, que ceux d'entre nous qui sont restés étrangers aux Sciences préliminaires, peuvent, néanmoins, être déjà d'excellens juges en ce genre de méditation : idées simples, fortement liées, et s'appliquant sans efforts, à toutes les observations, à toutes les épreuves, à tous les souvenirs ; voilà ce que tous les Français demandent ; ils ne l'ont pas encore obtenu ; mais on peut être certain que, s'ils l'obtiennent, ils sauront à l'instant le reconnaître.

Je le dis avec franchise : mon espoir est qu'ils seront satisfaits de la troisième Partie de mon ouvrage ; c'est celle que j'ai consacrée à la Philosophie Politique. Voici l'ordre que je lui ai donné.

Après avoir déduit les Principes généraux de l'idée première et fondamentale, je les suis dans leur application à quelques-uns des grands peuples historiques, tels que le Peuple Romain.

Le Peuple Français se présente à la suite ; je trace le caractère de ses différens âges, et j'insiste avec étendue sur cette grande Période actuelle, qui comprend toute la Révolution Française, ses causes immédiates, ses diverses phases, et ses immenses résultats. Je compare ensuite la situation où me paraît être le Peuple Français, au moment où j'écris, avec la situation des autres Peuples d'Europe ; ce qui donne un nouveau développement aux Principes généraux. Je finis par résumer les conditions communes à tous les Peuples, afin de remplir le second titre que j'ai donné à mon Livre : *Du sort des Peuples dans tous les siècles.*

Telles sont la Première et la Troisième Parties de mon ouvrage ; je les ai placées en regard; les individus et les Peuples sont deux genres d'Êtres essentiellement correspondans.

Mais j'ai cru devoir unir ces deux constructions correspondantes par une sorte de Galerie qui se rattachât à l'une et à l'autre. Dans la Seconde Partie de mon ouvrage, j'ai pour objet de peindre, à la fois, la marche de la civilisation, en France, depuis le règne de Louis XIII jusques à nos jours, et la destinée individuelle de quelques personnages historiques très-remarquables, tels que Richelieu, Mazarin, le Cardinal de Retz, Madame de Sévigné, Fénélon, Bossuet, Jean-Jacques Rousseau, Voltaire, Napoléon. Un tel cadre admettant la variété, m'a fourni d'heureuses occasions de rapprocher les mœurs, les opinions, le sort de nos ancétres, de notre sort actuel, de nos mœurs, de nos opinions. Chacun de ces rapprochemens a confirmé le Principe général, et, de plus, s'est naturellement placé, comme transition, entre la Première Partie, où je traite des destinées individuelles, et la Troisième Partie, où je traite des destinées politiques.

L'homme le plus extraordinaire de ce siècle termine cette Galerie que je viens de définir. Cet homme est Napoléon. Sa place naturelle était à la suite de Voltaire ; mais l'étendue de l'examen que je lui ai consacré m'a engagé, l'année dernière, à le publier séparément ; et la richesse, l'importance du sujet, m'ont entraîné à lui donner cette étendue. La vie de Napoléon sera à jamais la démonstration la plus frappante, la plus vive, la plus féconde, du Principe qui conduit les destinées de l'homme, et les destinées des Peuples. Comme tous les détails de cette vie si active, si compliquée, ne pouvaient m'être connus, non plus que toutes les circonstances des positions si critiques dans lesquelles les événemens l'ont engagé, ce n'est point son histoire que j'ai entreprise; c'est le Tableau, par masses principales, de son sort et du sort de la France pendant son Gouvernement.

Et comme il fallait un texte à mes raisonnemens, je l'ai pris, en grande partie, dans le célèbre Mémoire que l'on a répandu sous son nom, Mémoire que je savais ne pas être de lui, mais que la profusion avec laquelle il s'est multiplié, et l'opinion qui en a été portée en Europe, m'autorisaient à considérer comme peignant son caractère, sa physionomie, et ayant, pour ainsi dire, été écrit sous sa dictée par un homme qui, à l'insu de Napoléon peut-être, l'avait beaucoup écouté, et profondément observé.

Afin de rendre clair et dramatique le Tableau que j'essayais de composer, je l'ai terminé par le parallèle de Napoléon et de Cromwell; ce qui m'a imposé l'obligation de tracer le parallèle des deux siècles et des deux Révolutions.

J'ai donné à cet ouvrage particulier le titre de *Jugement impartial sur Napoléon;* l'impartialité était dans mes intentions; mais il fallait encore qu'elle fût dans mes pensées; je crois m'en être peu écarté; j'ai pour garant de ma confiance plusieurs suffrages singulièrement honorables. Il ne m'est pas permis de les faire connaître; je me borne à dire que les personnes qui me les ont donnés sont si élevées dans l'estime publique, elles ont eu, avec Napoléon, des relations si intimes, si soutenues, elles sont si incapables de préventions, de légèreté, de flatterie, qu'en se montrant franchement satisfaites, en me disant, en m'écrivant : Vous avez porté, sur le caractère de Napoléon, sur ses projets, sur son action politique, le jugement qui sera prononcé par l'histoire, elles m'ont donné de mon Livre une idée qu'il m'est glorieux de manifester.

Il me sera bien doux d'apprendre

qu'elles sont également satisfaites du Livre que je présente ; je crois pouvoir en former l'espérance.

qu'elles sont également satisfaites du Livre que je présente ; je crois pouvoir en former l'espérance.

DU
SORT DE L'HOMME

DANS TOUTES LES CONDITIONS.

<hr>

PREMIÈRE PARTIE.

*Théorie générale; développemens;
réponse aux objections.*

CHAPITRE PREMIER.

L'univers est le fruit d'une action continue, appliquée à tous les Êtres selon des Lois qui ne peuvent changer.

S'il en était autrement, si l'action qui produit l'univers n'était pas soumise à des lois fixes et constantes, tous les effets seraient incertains, parce que toutes les causes seraient variables; aucun retour de faits semblables, ou analogues, ne se présenterait à l'Esprit humain comme nécessaire. L'expérience de l'homme, ainsi que sa réflexion, seraient sans emploi; rien ne pourrait être prévu.

De ce qu'il existe, pour l'esprit de l'homme, plusieurs sciences positives, nous devons conclure que l'univers entier existe sous forme réglée et positive; car une science quelconque n'est que la connaissance d'un ordre établi. Or, dans l'univers, où tout s'enchaîne, il ne peut exister un ordre partiel; si l'ordre n'était pas universel, il ne pourrait avoir aucune existence.

La connaissance d'un ordre établi n'est facile à l'homme, et ne peut être érigée, par l'Esprit humain, en science positive, que lorsque les objets dont il s'occupe sont libres dans leurs mouvemens, et liés entre eux par des relations très-simples. Ainsi, la géométrie astronomique est la science la plus positive; elle est la première que l'Esprit humain ait poursuivie et formée; cela vient de ce que les corps célestes, objet de cette science, sont, chacun, comme un atôme isolé au sein de l'espace qui les environne;

les mouvemens de chaque globe, soit sur
lui-même, soit autour d'un autre globe,
sont d'une périodicité fixe, à peine compliquée de quelques influences, qui ont, elles-
mêmes, leur périodicité. Pour connaître
avec précision les lois astronomiques, pour
en établir la science positive, l'homme n'a
donc besoin que d'observations exactes et
assidues; leur similitude, leurs analogies,
leur répétition constante et régulière, conduisent ses raisonnemens, leur imposent une
marche simple, directe, dont la démonstration est le fruit.

Mais, toutes les questions que l'homme
cherche à résoudre ne sont pas aussi simples que les questions astronomiques, parce
que tous les objets dont il étudie la nature
sont loin d'être, comme les corps célestes,
libres et isolés.

Si, par exemple, afin d'entrer promptement dans le sujet de cet ouvrage, nous nous
demandons *à quelles lois sont soumises les
destinées humaines*, nous voyons aussitôt que
nous ne saurions nous proposer une question plus composée; la destinée de chaque
homme sur la Terre est le fruit d'un si grand

nombre de causes, les unes prochaines, les autres éloignées, celles-ci personnelles à l'individu, d'autres qui lui sont extérieures, toutes variables d'un instant à l'autre, toutes entremêlées avec une rapidité, une multiplicité, une complication extrêmes! Que de choses, même dans le sort actuel d'un homme quelconque, ne peuvent être vues ni soupçonnées par l'observateur qui aurait le plus d'attention et de sagacité! Son imagination peut être traversée par tant de désirs ou de regrets, de craintes ou d'espérances? Et, dans sa pensée, que d'erreurs peut-être, ou peut-être au contraire que d'idées positives! Que d'illusions ou de notions réelles! Que de rapports secrets entre son organisation particulière et le climat qu'il habite, et les alimens qui le nourrissent, et la fortune qu'il possède, et la profession qu'il exerce, et les lois qui le gouvernent, et l'éducation qu'il a reçue, et les mœurs qui le séduisent, et les opinions qui l'entraînent, et les institutions qui l'assiégent, auxquelles son inclination résiste, ou auxquelles sa raison obéit!

Chacun de ces rapports est cependant

l'un des élémens de sa destinée, puisque, à l'occasion de chacun, il agit ou il éprouve une action, il souffre ou il jouit. Quel observateur assignera à chacun de ces élémens son influence et sa mesure? Et quand il y parviendrait, un tel observateur ne fixerait nos idées que sur le sort actuel de cet homme, sur le sort de l'un de ses jours, de l'un de ses momens. Le moment passe; changement de scène, soit intérieure, soit extérieure, modification nouvelle; les momens se succèdent; toujours les scènes changent; l'avenir sera ce que fut le passé, une suite continue de modifications et de changemens.

Quels moyens pourrons-nous donc employer pour juger, dans chaque homme, non le sort de chaque moment, mais le sort de l'ensemble des momens, le sort de la vie entière?

Nous ne pouvons porter ce jugement que d'après une Loi générale; c'est ce que nous sentons avec évidence; et il n'est pas moins évident que, même pour l'ordre d'existence le plus compliqué, il est une Loi générale,

la même qui régit l'ensemble des Êtres;
car, s'il est un Principe qui, en nous, doive
précéder et guider toutes les recherches,
c'est que l'univers, où tout se meut, où,
par conséquent, tout change et se renouvelle, ne serait qu'une œuvre d'incohérence
et de désordre, et, pour cette raison, ne
pourrait même conserver l'existence, si tous
les changemens, tous les renouvellemens,
en un mot, tous les mouvemens n'étaient
enfermés dans un cercle auquel l'unité préside rigoureusement.

Pour découvrir la loi qui régit la destinée
de chaque homme sur la Terre, il n'est
donc qu'un procédé pour notre esprit :

Cherchons un Fait constant et général,
qui, manifestement, se présente à nos regards sous l'étendue la plus grande dont un
Fait soit susceptible, qui, par conséquent,
régisse l'ensemble des Êtres, et l'universa-
lité de leurs rapports.

Nous déduirons le sort de l'homme comme
corollaire d'un tel Principe; nous invoque-
rons ensuite l'expérience pour confirmer
cette déduction générale; et si quelque ex-

ception se présente, nous chercherons comment, sans troubler l'ordre universel, en le confirmant au contraire, elle semble néanmoins échapper au Principe général.

CHAPITRE II.

Considérons les conditions générales de l'existence du Globe que nous habitons. Ce Globe est un corps isolé ; c'est celui que nous avons le plus d'intérêt à connaître. La Théorie générale ne peut s'appliquer, pour notre jugement, et pour notre faculté d'observation, à un sujet plus simple.

Le Globe terrestre exécute sans cesse deux mouvemens généraux : un mouvement de translation autour du soleil, et un mouvement de rotation sur lui-même.

Son mouvement de translation autour du soleil est d'une périodicité parfaite, c'est-à-dire qu'il emploie toujours la même quantité de temps pour faire chaque révolution, et qu'il passe toujours par les mêmes points.

Mais cette révolution périodique n'est pas uniforme ; pendant une moitié de la courbe, la Terre s'éloigne du soleil par degrés insensibles, en même temps sa vitesse se ralentit ; pendant l'autre moitié de la courbe, la terre se rapproche du soleil par degrés insensibles, et sa vitesse s'accélère ; en sorte que ces deux moitiés de chaque révolution entière se balancent exactement ; la succession de l'éloignement et du ralentissement fait équilibre à la succession du rapprochement et de l'accélération ; entre ces quatre circonstances, prises deux à deux, il y a compensations exactes.

La Terre, comme nous l'avons dit, tourne constamment sur elle-même, mais elle tourne d'un mouvement toujours égal ; ce qui l'expose à être successivement et uniformément éclairée par le soleil sur toutes ses faces.

Comme son axe de rotation est incliné sur son mouvement de translation, elle ne se présente point au soleil de la même manière toute l'année. Pendant six mois, l'un de ses deux hémisphères reçoit avec moins d'inclinaison la lumière du soleil, ce qui, pendant cet intervalle, augmente la chaleur et l'expansion sur toute la surface de cet hémisphère ; mais pendant l'autre moitié de l'année, les faveurs de la lumière du soleil s'adressent à l'autre hémisphère de la Terre ;

et cette succession, ainsi que ce partage, se font de manière à ce que, au terme de l'année, tous les effets se soient mutuellement balancés.

Ainsi, en prenant un point quelconque de la surface de la Terre, la quantité de *jour* qu'il reçoit, et la quantité de *nuit* dont il est enveloppé, forment toujours, dans l'année, deux quantités égales. Ainsi encore, les mouvemens alternatifs et opposés dont l'air est agité, se balancent mutuellement, en prenant l'ensemble de l'année, et l'ensemble de l'atmosphère.

Le balancement mutuel et exact, ou l'Equilibre par compensations exactes, est donc le mode général de l'existence de la Terre, puisqu'il résulte constamment de ses deux mouvemens généraux.

Et pourrions-nous concevoir, en effet, que le Mouvement, qui est la vie de la nature, pût être constitué autrement qu'en se balançant par lui-même, en se faisant Equilibre?

S'il n'en était pas ainsi, le Mouvement, ce Principe vital de l'univers, serait-il autre chose qu'un Principe de désorganisation et de désordre? Ses effets seraient-ils soumis à des lois? Pourraient-ils être prévus?

C'en est donc assez pour que déjà notre Raison découvre quel est le Fait le plus général, le plus constant, le plus nécessaire; ce Fait est l'Equilibre.

Essayons maintenant d'en entrevoir l'étendue.

CHAPITRE III.

Lᴇ Globe de la Terre n'est pas seulement un corps libre et isolé dans l'espace; c'est un corps producteur, qui, sans cesse, prête territoire, et fournit des élémens à une foule d'Êtres répandus sur sa surface.

Ne cherchons point ici comment ces Êtres prennent naissance, s'entretiennent et se propagent; il nous suffit d'avoir appris, par une observation générale, et jamais démentie, que chacun est le fruit d'une puissance de composition, appliquée à un certain nombre d'Élémens.

Mais comme cette puissance de composition ne cesse jamais d'agir, que cependant la masse générale de ses productions n'augmente pas d'une manière indéfinie, semble, au contraire, rester toujours égale à elle-même; comme d'un autre côté le Globe, qui fournit sans cesse des matériaux aux productions de sa surface, conserve toujours cependant la même masse, le même volume, puisque ses mouvemens généraux s'exécutent toujours dans le même temps, il est nécessaire que l'existence de chacun des Etres formés à la surface de ce globe ne soit que passagère, que chacun soit tributaire d'une Puissance de destruction exactement égale à la Puissance qui lui avait donné sa composition, sa forme, son étendue ; il est nécessaire, en un mot, qu'en prenant l'ensemble de la surface du Globe, tout change, tout se renouvelle ; que chaque Elément se présente successivement, et alternativement, à la Puissance qui rassemble, et à la Puissance qui sépare, à celle qui compose, et à celle qui détruit.

Ainsi, chaque Elément de la Terre, semblable à la Terre elle-même, est alternativement soumis à deux mouvemens d'un genre opposé, qui constamment se succèdent et se balancent.

Et ce balancement impose la même destinée à tous les Êtres passagèrement formés d'un certain nombre d'Elémens ; cette formation n'étant qu'une réunion transitoire, la désunion qui lui succède, qui l'efface,

complète le cercle de l'existence terrestre,
et nécessairement la termine, car les Élémens sont dispersés.

Ce n'est pas, je me hâte de le dire, qu'une
nouvelle réunion, ressemblante à la première, ne puisse lui succéder, de manière
à prolonger, par transmission et similitude,
l'existence de l'Être détruit.

Mais, cette possibilité qui est, pour notre
Esprit, une source de hautes conceptions
et de sublimes espérances, ne s'étend pas
jusques à la conservation de l'identité absolue ; je veux dire qu'une réunion, rigoureusement la même, des mêmes élémens,
ne peut ni se maintenir, ni se reproduire ;
car, à la destruction d'un Être quelconque,
ses Élémens passent aussitôt dans de nouvelles compositions.

Ainsi, tel est le sort nécessaire d'un Être
terrestre, quelle que soit sa nature : tout ce
qu'il acquiert par sa formation lui est enlevé
par sa destruction ; et il est évident que ne
pouvant perdre que ce qu'il a acquis, mais
forcé de perdre tout ce qu'il a acquis, la
quantité de destruction, dans son existence, est nécessairement et rigoureusement

égale à la quantité de formation. De ces deux sommes, la première sert de mesure à la seconde ; et c'est en ce sens que la destinée d'un Être terrestre est, comme le mouvement général du globe de la Terre, comme le mouvement général de chacun des globes répandus dans l'espace, un ensemble exact de parfaites compensations.

Il est possible ensuite, qu'en faveur de certains Êtres, la vie succède à la vie, comme l'année succède à l'année pour le globe que nous habitons.

CHAPITRE IV.

Je prie le lecteur de donner son attention à ce chapitre. J'y ai résumé les faits que la physiologie dévoile; ainsi, dans le sujet qui nous occupe, ce chapitre est fondamental.

Les Êtres, ou réunions d'Elémens, qui se forment à la surface de la terre, peuvent être divisés en deux grandes classes : celle des *Êtres vivans*, et celle des *Êtres qui ne vivent point*.

Considérée en elle-même, la *vie* ne saurait être expliquée; mais cela n'est point nécessaire à l'objet de notre examen; nous cherchons ici à exprimer clairement des caractères et des résultats, et non à comprendre des causes.

La *vie* a, pour caractère essentiel, dans tous les Êtres qui la possèdent, l'*Expansion du centre à la circonférence;* c'est-à-dire, que tout Être vivant est animé d'une *action* dont le foyer principal est au centre de cet

Être, et dont la tendance est de provoquer sans cesse, et circulairement autour de ce centre, une extension indéfinie.

Ainsi, tout Être vivant, par cela seul qu'il est vivant, tend à occuper circulairement, autour de lui-même, un espace successivement plus grand, par conséquent à dissiper toute sa substance; en sorte que, pour conserver la vie, ou même l'existence, il a besoin d'être environné d'une action répressive, d'une *réaction* égale à l'action qui le met en développement.

Une expérience commune à tous les Êtres vivans démontre ce que je viens de dire : si l'on écarte profondément, quoiqu'en un seul point, l'action des résistances qui environnent un Être vivant, si l'on fait une ouverture profonde en un seul point de son enveloppe, et surtout si cette ouverture, si cette *blessure* pénètre jusques au foyer principal de l'action vitale, cette action saisit avec rapidité la voie d'écoulement qui lui est offerte; elle se dissipe; la vie cesse aussitôt qu'il n'y a plus centre d'action. Un seul moyen peut, dans certains cas, prévenir cette cessation rapide ; il faut, à l'instant de la blessure, ou du moins avant que la vie ne se soit entièrement écoulée, appliquer extérieurement une résistance plus forte que l'expansion.

Ainsi, la première chose que nous découvrons, dans le mode d'existence des Êtres vivans, c'est qu'ils sont *en équilibre* entre l'*action* qui tend à porter leur substance du centre vers la circonférence, et la *réaction* qui tend à porter leur substance de la circonférence vers le centre. Mais on conçoit, en même temps, que si cet équilibre était absolu dans tous les momens, si l'action expansive et l'action répressive étaient constamment et rigoureusement égales entre elles, l'effet constant d'une telle égalité serait l'impossibilité de mouvement.

Il est donc nécessaire, pour que la *vie* soit réelle, pour qu'elle soit un mouvement, pour qu'elle soit une *action*, que, dans chaque moment, les deux forces, celle qui produit la vie, et celle qui la réprime, soient inégales entre elles ; mais comme il est nécessaire, en même temps, qu'elles se mettent en équilibre, il faut qu'elles se balancent mutuellement par une prépondérance alternative.

Et, du premier regard, c'est ce que nous apercevons dans l'ensemble de l'existence de tout Être vivant. Pendant une première moitié de son cours, l'action expansive l'emporte dans son sein sur l'action répressive, puisqu'il ne cesse de se développer, de s'étendre, de s'accroître, soit extérieurement par une augmentation de volume, soit intérieurement par une augmentation de force ; mais cet accroissement diminue par degrés insensibles ; c'est-à-dire que chaque jour l'Être vivant s'accroît encore, mais moins que le jour précédent. Le terme arrive où, à force de diminuer, le progrès s'arrête ; alors il est remplacé par un progrès en sens inverse qui, d'abord très-faible, augmente de jour en jour, et finit par donner à l'action répressive une somme de prépondérance exactement égale à celle que l'action expansive avait d'abord exercée.

D'où l'on voit que le cours entier de l'existence de tout Être vivant est parfaitement représenté par le cours entier d'une Révolution du Globe. Celle-ci a pour figure un cercle, ou plutôt une ellipse, dont les deux moitiés sont égales, mais qui sont parcourues, la première avec une vitesse constamment retardée, la seconde avec une vitesse constamment accélérée, de manière à se compenser exactement.

Les Êtres vivans peuvent, à leur tour, être divisés en deux grandes classes : les uns *sentent* la vie qu'ils possèdent, les autres ne la *sentent* point.

L'homme est le plus sensible des êtres vivans.

Ne cherchons pas plus à expliquer la *sensibilité* que nous n'avons cherché à expliquer la vie ; n'employons jamais, comme bases de nos raisonnemens, que des observations tellement générales, tellement constatées, que nous puissions leur donner le titre de faits positifs, et en tirer des conséquences évidentes.

L'homme est un Être *sensible*, c'est-à-dire, qu'il est susceptible de *plaisir* et de *souffrance* ; ses sensations ne peuvent jamais être exactement indifférentes ; lorsqu'il les nomme ainsi, c'est qu'elles sont très-faibles, comparées à celles qu'il éprouve lorsqu'il a beaucoup de douleur ou beaucoup de plaisir.

Il est aisé de voir, par le témoignage des enfans très-sensibles, qu'il n'est point de sensations par elles-mêmes indifférentes. Non-seulement tout devient, pour de tels enfans, moyen d'instruction ; mais tout les afflige ou les réjouit ; ils n'ont jamais qu'une douleur évidente, ou un plaisir évident.

Ainsi, la sensibilité, considérée généralement, peut être divisée en deux emplois ou exercices : les sensations agréables et les sensations douloureuses , ou la sensibilité de plaisir et la sensibilité de douleur.

Pour peu que nous ayons acquis, par le progrès des ans, l'expérience de la vie, nous avons appris que la sensibilité, cette faculté de jouir et de souffrir, n'est pas en nous constamment la même ; elle est variable au gré de l'âge, des circonstances, des accidens, du régime ; de plus, toutes choses égales d'ailleurs, elle n'est pas, dans tous les hommes, de la même vivacité, de la même étendue ; considérée en elle-même, elle se montre susceptible d'un grand nombre de degrés.

Et lorsque nous cherchons, à ce grand nombre de degrés, une échelle générale, nous la trouvons dans l'échelle de l'action vitale; car le degré de sensibilité, dans un homme quelconque, a toujours, pour indication exacte, le degré de l'action vitale qu'il possède, d'après son tempérament, son âge, son régime, et généralement, les circonstances de sa position.

Et une observation plus étendue nous apprend encore que, dans tous les Êtres vivans et sensibles, ce qui comprend un grand nombre de classes et de gradations, la sensibilité est toujours proportionnelle à l'élévation de la vie; nulle, ou très-peu apercevable dans les Êtres dont l'organisation est très-simple, elle commence à se prononcer dans ceux dont l'organisation est un peu composée; successivement, elle s'accroît, selon que l'organisation se complique; dans l'homme, elle atteint le plus haut degré de puissance; mais, dans l'homme lui-même, comme nous venons de le voir, elle varie, sinon d'un moment à l'autre, au moins d'un âge à l'autre, et au gré de toutes les modifications, passagères ou permanentes, que la situation ou le régime apportent au tempérament.

Ainsi, quoiqu'il nous soit impossible de concevoir comment l'action de sentir procède de l'action de vivre, il nous est également impossible d'en douter. Deux principes d'action, deux facultés, sont nécessairement liées entre elles par les relations de cause et d'effet, lorsque, d'une part, l'une est antérieure à l'autre, du moins dans son exercice, lorsque, d'un autre côté, susceptibles l'une et l'autre d'augmentation et de diminution, elles se suivent exactement dans toutes les variations qu'elles éprouvent, en sorte que leurs degrés réciproques sont toujours correspondans.

Maintenant, consultons encore notre expérience.

Il n'est point d'homme qui n'ait eu l'occasion de reconnaître que tout plaisir vrai, tout plaisir goûté avec plénitude et franchise, était accompagné du sentiment d'une amélioration, soit partielle, soit générale, dans l'état de son Être; et ce sentiment d'amélioration a également suivi, et ses plaisirs du corps, et ses plaisirs d'affection, et ses plaisirs d'intelligence.

Au contraire, il n'est point d'homme qui n'ait senti son Être détérioré, soit partiellement, soit dans son ensemble, toutes les fois qu'il a éprouvé une souffrance du corps, ou une souffrance d'imagination.

Et le degré de ce sentiment, soit d'amélioration, soit d'altération, a toujours été fixé sur le degré du plaisir ou de la souffrance.

D'ailleurs, l'*instinct*, résultat général et permanent de la sensation de notre Être, nous fait répugner également à l'idée de notre destruction, et à la souffrance; ce qui prouve que la sensation de souffrance n'est, en chacun de nous, que la sensation de destruction.

Au contraire, c'est à titre de plaisir, ou du *besoin*, source de plaisir, que le même instinct nous fait rechercher tout ce qui peut améliorer notre Être, ou du moins l'entretenir.

De là nous devons conclure, d'une manière générale, qu'il y a encore les relations de cause et effet entre l'amélioration et le plaisir, d'une part, et de l'autre, entre a destruction et la souffrance.

Mais ici, pour bien fixer nos idées sur la manière dont ces relations s'établissent, il faut donner une nouvelle attention à l'examen des faits.

Et d'abord, nous observerons que ce n'est pas toujours à l'instant où il se produit une amélioration générale dans l'état de notre être, que nous en avons la jouissance. L'amélioration la plus prononcée est celle qui s'effectue pendant notre sommeil, lorsqu'il est doux et profond ; nous ne la sentons qu'à notre réveil ; mais c'est alors que nous jouissons réellement de tous ses résultats ; le bien-être que nous éprouvons alors, et qui est proportionné à la douceur et à la profondeur de notre sommeil, est accompagné du sentiment d'une augmentation également proportionnée dans notre force vitale.

Remarquons bien cette circonstance : la sensation a été suspendue, mais l'action vitale ne l'a pas été. Nous pouvons, comme les plantes, vivre sans le sentir, et, dans l'état ordinaire, cela nous arrive périodi-

quement pendant une partie de chaque jour-
née ; mais nous ne pouvons sentir sans vivre.
De plus, nous ne perdons pas, même pour
notre faculté de sentir, ce qui s'est passé,
en nous, d'avantageux, pendant que cette
faculté a été suspendue, puisque nous goûtons, à notre réveil, l'amélioration de notre
Être, et l'augmentation de notre action vitale.

D'où il suit que, dans chacun de nous, la
faculté de sentir émane de l'action vitale,
mais conformément à une loi particulière.
Quelle est cette loi? Les faits suivans nous
conduiront à la connaître.

En premier lieu, nous existons déjà, non-
seulement depuis neuf mois dans le sein de
notre mère, mais depuis quelques mois après
la naissance, que nous n'avons pas encore la
conscience de notre Être ; or, la physiologie
nous apprend qu'à ce début de notre existence vitale, les relations entre nos organes
ne sont pas formées ; plusieurs organes même
ne sont qu'ébauchés ; en un mot, l'état organique se prépare ; mais il n'existe pas.

Lorsque dans la suite, l'état organique se
trouvant achevé, les relations entre les or-

ganes principaux viennent à être accidentel-
lement suspendues, la faculté de sentir est
suspendue en nous, pendant toute la durée
de l'accident.

Et enfin, lorsque nos organes ont terminé
leurs fonctions, ou que toutes leurs relations
sont à jamais brisées, les élémens qui nous
composaient se dispersent, et cette disper-
sion n'est pas pour nous cause de souffrance ;
l'état organique n'existe plus.

Ainsi, à parler exactement, la faculté de
sentir ne peut s'exercer en nous que lorsque
nous sommes dans l'état organique, et de
plus, lorsque tous nos organes sont entre
eux en relations directes, et dans l'équilibre
d'action vitale.

Or, qu'est-ce que l'action vitale? ou du
moins, en quoi consiste essentiellement son
exercice? Nous l'avons vu : dans un mouvement d'expansion du centre à la circonférence, auquel succède un retour de la circonférence vers le centre, puisque la vie ne
peut être conservée qu'à l'aide d'une réaction égale à son action.

Ainsi, les relations directes entre nos organes s'établissent par voie de circulation ;

et ce mode de mouvement est apercevable dans la plus apparente et la principale de nos humeurs.

Mais la circulation continue de notre sang ne conserve en nous que la vie ; elle ne conserve point essentiellement la sensation, puisque, pendant le sommeil, la faculté de sentir est suspendue, et cependant le sang circule.

Observons de plus que le sommeil résulte, en nous, non-seulement de l'influence de la nuit qui augmente la puissance naturelle de compression extérieure, mais encore, pendant le jour, de la grande énergie qui peut être donnée à cette puissance naturelle par un grand froid. Pour nous jeter, en plein jour, dans l'état de sommeil, il suffit encore, et d'une forte compression artificielle sur les enveloppes du cerveau, et d'une forte compression intérieurement exercée par la surabondance et l'épaississement d'une grande quantité d'humeurs entre le cerveau et ses enveloppes, et de l'épuisement occasionné par une grande fatigue ou par une grande chaleur.

Enfin, dans l'état de veille, et lorsque

la sensibilité générale est, en nous, très-pro-
noncée, la sensibilité particulière d'un de
nos membres, de notre main, par exemple,
est suspendue, si, par une forte ligature,
on la sépare du cerveau; la sensibilité per-
siste dans toute la partie du bras qui est au-
dessus de la ligature.

Tous ces faits se réunissent pour démontrer que, semblable à la vie, la sensibilité
s'exerce à l'aide d'un système de vaisseaux
dans lequel circulent des mobiles beaucoup
plus subtils que ceux qui servent à l'exercice
de la vie. Dans l'état de veille, l'extrême
subtilité et l'extrême expansibilité de ces
mobiles font qu'ils se dissipent en partie;
mais une partie plus ou moins considérable
se rend sans cesse du cerveau, qui est le
centre de la sensibilité, à la circonférence,
où se trouvent tous les organes des sens, et
de cette circonférence, elle revient vers le
centre. Lorsque, par une cause quelconque,
artificielle ou naturelle, cette circulation est
suspendue, la faculté de sentir est suspendue, et l'excessive délicatesse de ses mobiles, ainsi que leur situation à l'extrême
surface du corps pendant une partie de leur

cours, font que la suspension de leur circulation est fréquente et facile. Il n'en est pas
de même de la circulation du sang ; la suspension de celle-ci est rare et difficile , parce
qu'elle est beaucoup moins rapide , et parce
que , dans toutes ses parties , le système sanguin est beaucoup plus protégé, beaucoup
plus enveloppé.

Le système sanguin, ou le système destiné à l'exercice de la vie , et le système nerveux, ou le système destiné à l'exercice de
la sensibilité , ont une condition commune.
Ils s'insèrent l'un et l'autre dans tous les organes ; non seulement ils les embrassent et
les lient , mais ils font , en grande partie,
leur tissu , leur substance , tout en conser-
vant leur continuité. C'est par eux que chacun de nous est un ensemble d'organes,
formé avec correspondance, avec harmonie,
avec unité.

La circulation des mobiles nerveux ne
pourra jamais être, comme la circulation
du sang, l'objet d'une observation directe ;
les mobiles nerveux ont trop de subtilité,
et, quand ils sont en mouvement, trop de
rapidité, pour pouvoir jamais devenir aper-

cevables ; mais l'une et l'autre circulation sont des faits également positifs, parce qu'ils sont également nécessaires, parce qu'ils sont également démontrés par la nature et l'équilibre de leurs effets.

Pour éviter les circonlocutions, et désigner ce que les deux circulations ont de commun, et ce qu'elles ont de différent, je donnerai à la circulation du sang le nom de *circulation vitale*, et celui de *circulation sensitive* à la circulation des mobiles nerveux.

Maintenant, il nous sera facile d'établir la théorie générale des sensations humaines. Mais afin que, sur une question d'un si grand intérêt, nous n'ayons plus de nuages à écarter, je crois devoir insister sur cette définition, et cette distinction, qui émanent de tout ce que je viens de dire :

La *faculté de sentir* est, en elle-même, un mystère à jamais incompréhensible ; mais cette faculté est nécessairement une action, puisqu'elle produit des effets ;

De plus, elle a nécessairement un mode d'exercice, puisqu'elle est une action.

De plus encore, des mobiles matériels sont nécessaires à son exercice ; car il est de toute évidence qu'une action ne peut s'exercer que sur des mobiles matériels.

Ce que nous cherchons, et, j'ose l'ajouter, ce que maintenant nous pouvons connaître, c'est le mode d'exercice de la faculté de sentir, c'est-à-dire, les conditions selon lesquelles son exercice s'effectue.

C'est en ce sens, et comme description de faits, mais non comme science de leur cause primitive, que nous allons résumer la théorie des sensations.

CHAPITRE V.

Lonsque cette circulation des mobiles nerveux, que tous les Faits démontrent, et à laquelle j'ai donné le nom de *circulation sensitive*, est établie en nous, sans lacunes, avec plénitude, le sentiment du *moi*, ou de l'existence, est en action dans notre sein.

Ce mode de mouvement par circulation soutenue est la forme de l'équilibre pour l'action de sensibilité, comme pour l'action simplement vitale.

La circulation sensitive peut être lente et faible, ou modérée, ou forte et rapide, ou rapide de mouvement et faible d'abondance. Le sentiment de l'existence s'élève, en nous, à un degré qui correspond directement à l'état de cette circulation.

Tout ce qui, dans l'emploi de la vie, change l'état de la circulation sensitive, devient à l'instant source de sensation nouvelle.

Si, l'équilibre de cette circulation étant

conservé, sa force ou sa vivacité sont aug-
mentées, la sensation nouvelle est source
de plaisir, car elle donne plus de force ou
plus de vivacité au sentiment de l'existence.

Si, au contraire, l'équilibre de circulation sensitive est derangé, quoique d'ailleurs, un mouvement d'augmentation lui
soit imprimé, alors la sensation nouvelle
est douloureuse, parce que le sentiment de
l'existence est troublé.

Ainsi, donner à notre corps des alimens
convenables à notre tempérament, à notre
âge, à notre disposition actuelle, c'est fournir à la circulation sensitive, à l'aide d'une
digestion prompte et facile, une nouvelle
quantité de mobiles qui se distribuent uniformément dans l'ensemble du système;
c'est augmenter la force de la circulation
sensitive sans déranger son équilibre; c'est
établir, au sein de notre être, un foyer de
plaisir.

Nous pouvons encore faciliter cette opé-
ration vitale, et par conséquent donner encore plus de douceur, ou plus de vivacité,
au sentiment de l'existence. Si nous prenons, au grand air, un exercice modéré,

et qui s'étende à tous nos organes ; l'exercice de la promenade par exemple, nous favorisons la distribution uniforme des mobiles intérieurs, et, de plus, nous en fournissons encore de nouveaux à la circulation sensitive, car la respiration de l'air pur est aussi une source de ces mobiles.

Mais si notre exercice devient immodéré, il occasionne une dissipation abondante, quoiqu'inaperçue, des mobiles qui étaient destinés à la circulation sensitive, et cette dissipation ne se fait pas avec régularité, parce que dans tout exercice, surtout lorsqu'il est immodéré, certains organes agissent avec une vivacité que d'autres organes ne peuvent partager. Ainsi, l'équilibre de circulation est troublé, ce qui nous donne la sensation douloureuse de *fatigue*, sensation ordinairement générale, à laquelle s'ajoutent, dans bien des circonstances, des sensations locales, qui sont également des sources de douleur.

Voici encore une de nos expériences les plus faciles et les plus fréquentes :

Lorsque nous excitons, sur une partie quelconque de la surface de notre corps, la sensation du toucher par un frottement délicat, cette sensation est agréable ; mais si elle se prolonge sans mesure, et encore plus, si le frottement devient rude, s'il entame la partie qui le reçoit, la sensation devient douloureuse ; en sorte que, pour faire dégénérer ce plaisir en douleur, il suffit de porter à un certain excès, soit de durée, soit de force, l'action qui le causait.

On voit ici un effet correspondant à la blessure dont nous avons parlé en commençant le chapitre précédent ; et toute blessure est réellement accompagnée de douleur, parce qu'elle dérange fortement, et la circulation vitale, et la circulation sensitive ; elle tend à appeler toute l'expansion sur un seul point.

Lorsque le frottement est doux et modéré, il est source de plaisir, parce que, en augmentant légèrement l'expansion sur un seul point, en ménageant à l'expansion intérieure un léger écoulement, il ne fait qu'exciter les organes intérieurs à augmenter de développement et de production sans perdre leur équilibre. Mais lorsque le frottement prend de la rudesse, l'expansion locale devient trop rapide, trop active, pour que les organes intérieurs puissent lui adresser les mobiles qu'elle demande, et en même-temps, projeter vers toutes les autres parties du corps la même quantité de mobiles. C'est donc aux dépens des autres parties du corps que l'expansion locale est alimentée; il y a, par conséquent, rupture d'équilibre; il y a douleur.

On sent que la prolongation démesurée d'un frottement léger doit équivaloir à l'action d'un frottement court et violent. Il y a cependant une différence dans les résultats; elle correspond à la différence des deux modes de frottement. Le premier cause brusquement une douleur forte; le second fait arriver par degrés une anxiété insupportable; en sorte que si une telle action, qui avait commencé par être source de plaisir, se prolongeait indéfiniment, elle suffirait pour faire mourir l'homme qui serait contraint de la souffrir.

Ainsi s'expliquent les effets funestes de la continuité donnée à toute sensation d'abord agréable et salutaire. Prenons un exemple trop commun :

L'homme qui a commencé par ne faire
qu'un usage modéré des liqueurs fortes,
et qui peu à peu, entraîné par l'excitation
artificielle qu'il en recevait, ne s'est plus
retenu dans le penchant à l'ivresse, a fini
par rompre, dans l'ensemble de son être,
cet équilibre de circulation vitale, et de circulation sensitive, qui produit la santé; il a
fait que certains organes sont devenus centres
particuliers d'une expansion exagérée, ce
qui a contraint d'autres organes à tomber
dans le dénuement.

Ainsi, à parler exactement, on ne peut
pas dire que le désir qui porte un tel homme
à satisfaire l'organe qu'il a rendu avide, soit
un désir de plaisir; c'est un désir d'homme
malade, qui invoque une diversion à la cause
obscure de ses souffrances; c'est en cela
que consiste réellement son besoin; et telle
est sa situation funeste que c'est même en
accordant à ce besoin son soulagement immédiat qu'il l'augmente encore, parce qu'il
augmente ainsi le dérangement qui existe
déjà dans l'équilibre d'expansion; s'il continue d'y céder, il ne peut manquer de
périr.

Aussi, la raison et la sagesse donnent un conseil à cet homme : c'est d'opprimer, avec ménagement, le besoin exagéré qu'il s'est imposé, de le diminuer peu à peu, en s'armant d'une force soutenue contre l'exigence locale qu'il a provoquée ; en combinant un tel régime avec l'emploi modéré des autres organes, il parviendra insensiblement à rétablir cet équilibre de forces, pendant lequel tous les plaisirs ont de la franchise, parce que, pendant toute leur durée, c'est le sentiment général de l'existence qui est satisfait.

Supposons maintenant que, par un défaut contraire à celui que nous venons de décrire, un organe essentiel ait manqué d'exercice ; alors, il s'est rempli, il s'est engorgé, des mobiles qui l'alimentent. Ceux-ci ont formé une congestion qu'il est pressant de dissoudre, car elle trouble l'équilibre de circulation vitale et de circulation sensitive, en sorte que non-seulement elle est cause actuelle de douleur, mais elle est cause prochaine d'augmentation progressive dans le dérangement de l'équilibre.

C'est donc vers cet organe que, par un

emploi graduel et soutenu de ses fonctions naturelles, il faut porter l'expansion, afin que, peu à peu, l'équilibre de circulation se rétablisse, et, avec cet équilibre, le bien-être, la santé.

D'après ce que nous venons de dire, il est évident que pour définir en elles-mêmes nos sensations, il faut les considérer à l'instant où elles se produisent, et indépendamment des effets qui peuvent résulter de leur exagération ou de leur permanence. Alors on voit que, conformément aux inspirations de l'instinct, les sensations agréables sont celles qui accompagnent tout mouvement de formation, d'acquisition, d'amélioration organiques, parce que de tels mouvemens ne peuvent s'effectuer en nous sans étendre notre Être, ce qui est le vœu de l'expansion vitale, et sans conserver l'équilibre de circulation sensitive, ce qui est le vœu de l'action de sensibilité.

Au contraire, tout dérangement de l'équilibre organique est accompagné d'une sensation douloureuse ; or, il est impossible à une destruction de s'opérer dans un point

quelconque de nos organes, sans que l'équilibre des deux circulations soit troublé; car
tous nos organes sont formés, en très-
grande partie, d'un entrelacement de vaisseaux sanguins et de vaisseaux nerveux.
D'où il suit que toute destruction organique
est nécessairement accompagnée de sensations douloureuses.

Il peut cependant nous arriver de nous
méprendre sur la cause réelle d'une sensation douloureuse; par exemple, les enfans
en bas-âge souffrent plus ou moins vivement
pendant la dentition; et, généralement,
pendant la jeunesse, toute crise d'accroissement est accompagnée de douleur, ou au
moins de malaise. Cela vient de ce que tous
nos organes ne se forment pas en même
temps, et que les premiers formés sont con-
traints de se laisser écarter, ou même dé-
chirer, par l'expansion de ceux dont la formation est postérieure. J'ai toujours observé
que les crises de dentition, chez les enfans
en bas-âge, étaient précédées immédiatement d'un état de vivacité, de gaîté, de
fraîcheur, plus marqué qu'à l'ordinaire;
c'est réellement alors que les dents se for-

ment, s'étendent; les gencives se dilatent légèrement; bientôt leur dilatation devient forcée, et c'est alors que la douleur commence; le moment arrive où l'extension de la dent ne peut plus se faire qu'en rompant le tissu organique de la gencive; c'est le moment de la plus grande vivacité dans la douleur; tout le corps de l'enfant en est affecté; mais à peine la dent se montre-t-elle, que l'enfant reprend avec rapidité sa gaîté et sa fraîcheur.

Il en est de même de toutes les crises d'accroissement pendant la jeunesse; elles sont précédées et suivies d'activité, de santé, de bien-être; la douleur critique est locale et passagère; c'est celle d'un organe déjà formé, dont l'extension est brusquement sollicitée par la formation d'un organe qui le touche; le bien-être renaît, et la force générale se trouve augmentée, aussitôt que l'action des organes qui se forment, et la réaction des organes déjà formés, se sont mises en équilibre.

Dans les âges subséquens, la douleur que l'on éprouve lorsqu'un organe se détruit, est bien plus cruelle, et elle a un autre caractère. Les dents, par exemple, sont un organe éminemment nerveux; une douleur confuse précède leur destruction prononcée; celle-ci jette l'ensemble du corps dans un trouble, dans une anxiété intolérables; lorsqu'enfin la dent est arrachée, ou pleinement détruite, on se trouve, non dans un état de force augmentée, comme au terme des crises d'accroissement, mais abattu, faible; et ce n'est que par comparaison à ce que l'on vient de souffrir que cet abattement a de la douceur.

Ne cherchons point ici comment s'opère essentiellement l'acte de destruction dans un ordre quelconque d'Êtres, soit vivans, soit inorganisés. Cette question est étrangère à l'objet de cet ouvrage; il nous suffit de reconnaître que tout ce qui s'est formé, en nous, d'organes et de relations organiques, est nécessairement destiné à subir la loi de destruction, soit lente, soit rapide; d'où nous devons conclure que chacun de nous, dans l'ensemble de sa vie, est destiné à souffrir une somme de douleurs égale à la somme de formation qui lui a donné son Être et ses plaisirs.

Comme nos idées, et nos sentimens, se composent au sein même de l'organe qui est spécialement le foyer de la circulation sensitive, chacun de nos sentimens, chacune de nos idées, ne peut manquer, si elle est agréable, de porter, dans tout notre Être, l'extension, le développement, l'amélioration, le plaisir, et, au contraire, si elle est pénible, d'y porter l'altération, l'affaiblissement, la douleur.

Et quels sont nos sentimens doux et agréables? Ce sont ceux qui, eux-mêmes, nous excitent à l'extension de notre Être, à l'amélioration de notre sort, soit par l'amour, soit par la gloire, soit par la fortune. De tels sentimens sont les objets précieux de nos désirs, de nos espérances, de nos affections; c'est pour les réaliser dans notre existence que nous agissons avec tant d'ardeur.

Quels sont, au contraire, les sentimens pénibles, douloureux, cruels? Ah! les expressions qui les désignent sont bien vraies,

car elles sont bien frappantes. Les sentimens
pénibles, douloureux, cruels, sont ceux qui
brisent notre âme, qui la *déchirent*, lorsque,
malgré notre résistance, nous perdons des
biens ou d'affection, ou de renommée, ou
de fortune. Il se fait alors, au sein de notre
âme, une *destruction* plus ou moins profonde; et tout notre Être est jeté dans une
souffrance proportionnée à cette destruction.

CHAPITRE VI.

Voici donc, sur l'existence de l'homme, les idées fondamentales.

L'homme est un Être qui vit, qui sent, et qui pense.

Ces trois facultés sont toujours en harmonie, parce que la seconde procède de la première, la troisième et la première de la seconde, et que tout changement d'état dans l'une quelconque de ces trois facultés, occasionne à l'instant un changement semblable dans l'état des deux autres.

L'action et l'harmonie de ces trois facultés, en chacun de nous, ont, pour but essentiel, l'extension ou amélioration de notre Être, et l'extension ou amélioration de notre sort, qui est comme l'atmosphère de notre Être.

Ainsi, en prenant l'homme à sa naissance, son existence peut être figurée par un point destiné à s'étendre, ou plutôt à s'environner d'additions successives, dont il demeurera toujours le centre.

Acquérir, se former, étendre sa sphère, soit en réalités apercevables, par l'amélioration des organes, par l'augmentation de fortune, soit en réalités inapercevables, par l'imagination, par l'affection, par les désirs, par l'espérance, c'est *vivre*, c'est en même temps *jouir*.

Au contraire, perdre ses formes, sa substance, retrécir sa sphère, soit par l'altération des organes, soit par la diminution de fortune, soit par l'abandon des biens que l'imagination aimait à poursuivre, c'est se *détruire*, c'est *mourir*; c'est, en même temps, *souffrir*.

Ainsi, dans chacun des instans où l'homme reçoit un *plaisir*, c'est, au figuré, le rayon de son existence qui s'allonge, ou s'affermit; c'est, en réalité, une acquisition qu'il fait au profit de son corps ou de son intelligence.

Au contraire, dans chacun des momens où il reçoit une *peine*, où il éprouve une *souffrance*, c'est, en réalité, une destruction qui se fait dans ses idées, ou dans son

corps ; c'est, au figuré, le rayon de son exis·
tence qui est atteint dans une ou plusieurs
de ses parties, qui est brisé, refoulé, com-
primé, et qui propage sa *douleur* jusques
au centre d'où il tire son origine.

Or, il faut bien que tous les rayons soient
successivement brisés, refoulés, anéantis,
puisque le centre lui-même, matériellement
considéré, est destiné à disparaître. Il faut,
par conséquent, que, pendant l'existence
de chaque sphère individuelle, ou, ce qui
est la même chose, dans l'ensemble de la
vie, *la peine égale le plaisir.*

Comme, sur la Terre, l'espace laissé à
la propagation de l'homme, à l'extension de
son sort, de ses plaisirs, de ses acquisitions,
de ses avantages, ne saurait être sans li-
mites, il n'est point de sphère individuelle
qui puisse rester isolée ; chacune pénètre
dans le sein des sphères contiguës, et, réciproquement, laisse quelques-unes des sphères
contiguës pénétrer dans son sein.

Cette insertion mutuelle est ce qui fait,
tantôt les liens des hommes, tantôt leurs
oppositions.

Les liens naissent lorsque, de part et

d'autre les rayons projetés s'emparent seulement des intervalles, touchent les rayons
voisins, les embrassent, les appuient, sans
les froisser.

Les oppositions sont produites lorsque,
par leur multiplicité, et par la violence de
leurs mouvemens, les rayons se gênent, se
heurtent, se contraignent réciproquement à
se replier, à revenir vers le centre ; et un
tel mouvement qui s'exécute à contre-sens
de l'expansion naturelle, ne peut être qu'un
mouvement désorganisateur, par conséquent
une cause de souffrance.

Il est évident que les oppositions doivent
augmenter d'énergie, à mesure que les sphères augmentent de nombre et d'étendue.

Au contraire, les liens doivent être doux
et faciles, entre les sphères modestes et
naissantes.

Dans le premier cas, elles se fuient pour
ne pas se choquer ; dans le second, elles se
cherchent pour s'appuyer et s'affermir.

Il est, parmi les hommes, des individus
dont la sphère ne pourrait jamais prendre une
extension considérable ; ce sont les hommes
qui naissent faibles d'organisation et d'in-

telligence. C'est presque vainement que plusieurs d'entre eux sont secondés par l'éducation et la fortune ; les sources de plaisirs et d'avantages viennent vers eux comme vers un vase presque fermé, sans qu'ils puissent les recevoir avec abondance ; mais il en est de même des sources de douleur ; elles coulent presqu'entièrement hors de leur destinée ; ces hommes passent sur la terre sans bruit, sans éclat, sans bonheur, sans malheur.

Au contraire, les hommes vivement et fortement organisés, s'élancent avec impétuosité vers tout ce qui les environne. Dès leur naissance, ils ont saisi avec ardeur tout ce qui leur était présenté par la nature et la société. Quelle que soit leur position primitive, ce n'est pas elle qui trace le cours de leur destinée. Parmi les événemens dont celle-ci se compose, le plus grand nombre est amené par eux-mêmes, par l'ardeur de leur caractère, et ils modifient les événemens qui surviennent ; ils les plient à leur sort ; ils en font presque toute l'influence. La destinée entière de ces hommes est, pour ainsi dire, tramée de grandes peines et de grands plaisirs, mais tellement multipliés, tellement pressés les uns contre les autres, que le temps, toujours occupé, toujours rapide, vole, comme un trait, de la première extrémité de la vie à la dernière, ne leur laissant, par fréquens intervalles, que le sentiment pénible de son extrême vélocité.

Les hommes indolens, au contraire, trouvent le cours du temps long et paisible.

Ceux-ci, dès leur enfance, ont presque toujours eu une humeur douce et égale, parce qu'ils n'ont presque jamais demandé aux hommes et à la Nature que ce qu'ils pouvaient en recevoir.

Dès leur bas-âge, les hommes ardens, ordinairement chéris avec une tendresse passionnée, ont porté leurs désirs jusques à l'impétuosité la plus violente, quelquefois la plus insensée ; leur sensibilité, naturellement vive, rapidement exaltée par les soins, les caresses, les plaisirs, le bien-être, leur a imprimé de bonne heure une exigence sans proportion avec les moyens extérieurs de la satisfaire.

C'est aussi dans de tels enfans, si remarquables, et dont tous les mouvemens sont encore si vrais, si confians, et si simples ; c'est dans de tels enfans que l'on peut étudier la nature humaine, et voir en action prononcée la loi générale des compensations. Naturellement plus affectueux, plus intéressans, plus aimables, plus aimés que les enfans d'un caractère tranquille, presque tous idolâtrés de leurs parens, qui, non-seulement ne savent rien refuser à leurs demandes, mais qui, excités par l'amour, imaginent d'avance tout ce qui pourra les satisfaire, ces enfans, si heureusement placés, ne sont cependant heureux sans mélange que pendant leur première année, lorsqu'ils ne peuvent pas encore se rendre compte de leur bonheur. A peine sont-ils en état de marcher et de connaître, que la sphère de leur existence, déjà étendue d'une manière précipitée, rencontre, sinon la résistance des personnes, du moins celle des choses ; elle est refoulée, elle se replie brusquement sur ce centre si irritable qui s'agite et frémit. On voit, au moindre choc, les trépignemens de la fureur ; on entend les cris du désespoir. L'enfant d'une condition inférieure, qui souvent est pressé par la faim, et souvent reçoit des traitemens barbares, ne verse pas autant de larmes; la Nature et la société lui ont refusé la force d'être exigeant, précisément parce qu'elles ont prévenu, en lui, l'acquisition d'une imagination vive, et d'une sensibilité énergique; en sorte que les enfans que le vulgaire nomme enfans *gâtés*, locution universelle, par cela même très-remarquable, ne sont en réalité que des enfans améliorés, mais sous le rapport du tempérament, et non sous le rapport du bonheur.

Les hommes d'un caractère sensible, et que la fortune seconde, tombent le plus souvent dans une humeur et dans une irritation ressemblantes à celles des enfans que je viens d'indiquer. Comparés aux hommes du même caractère qui ont connu les privations et la douleur, ils sont presque toujours beaucoup plus agités, beaucoup plus mécontens; mais que les révolutions du sort les jettent brusquement dans l'infortune, leurs dispositions se modifient d'une manière remarquable: après un peu de temps donné à l'amertume et à la désolation, ils deviennent les plus doux, les plus intéressans des hommes; leur caractère primitif a reparu..... pour s'altérer de nouveau, et disparaître, du moins en apparence, si la fortune leur rend ses faveurs.

Il en est de même des enfans, nés très-sensibles, dont le caractère paraissait avoir reçu une altération profonde, parce que, dès le berceau, leur situation n'avait eu que trop de douceurs; qu'on les arrache à la maison paternelle, qu'on les place dans une maison d'éducation publique, où le régime soit uniforme et simple, la discipline un peu sévère, la vie même un peu dure, quelques jours vont suffire pour changer leur humeur; on s'étonnera de les voir supporter avec gaieté, affronter même avec courage, des accidens, des privations, des contrariétés, dont la seule idée les eût jetés précédemment dans des tempêtes d'irritation. Au sein de leur famille, ils étaient tyrans intraitables; maintenant, environnés de camarades qui ne leur obéissent point, et soumis à une règle inflexible, ils sont subordonnés, sans contrainte comme sans bassesse; ils se distinguent par leur ama-

bilité autant que par leur intelligence ; et
bientôt la paix de leur âme, la gaieté, l'activité, entraînent le développement de leurs
forces, et l'affermissement de leur santé.

Le bien-être soutenu n'est donc pas une
source certaine de bonheur, surtout pour
les enfans et les hommes dont le tempérament est naturellement vif et animé. De
tels hommes, de tels enfans, désirent avec
ardeur, jouissent avec ravissement, se las-
sent avec promptitude ; le bien-être, par
cela même qu'il augmente la vivacité de
leur tempérament, augmente, dans la
même proportion, tous les avantages, et tous
les défauts qui en découlent ; en sorte que,
d'une part, leur exigence croît sans cesse,
tandis que le voile de l'indifférence se jette
sur tous les biens dont ils peuvent disposer ; leur imagination inquiète, avide, mé-
contente, demande avec humeur des joui-
sances nouvelles, s'irrite contre les obstacles
qui les éloignent, et finit par prendre en
dégoût cette situation qui ne peut plus en
fournir, quoiqu'elle n'ait pas changé.

Ainsi, pour qu'une situation, par elle-

même avantageuse, ne soit pas funeste au
caractère, en devenant accablante par sa
monotonie, pour que ses avantages soient
goûtés et appréciés, pour qu'ils existent, il
faut que des expériences pressantes, ou des
souvenirs frappans, en fassent connaître la
valeur; il faut, par conséquent, être passé,
et plus d'une fois, par une situation oppo-
sée. L'infortune et les privations éprouvées
pendant la jeunesse ont, pour compensations précieuses, la modération de l'âme,
et la rectitude de ses jugemens sur le meilleur emploi de la vie, ainsi que sur les
droits de l'humanité. Les biens offerts par
la nature sont si nombreux, si variés, les
vrais biens sont si simples, qu'il n'est point
de situation où l'on ne puisse en goûter
d'analogues à l'organisation que l'on a reçue.
Mais, pour goûter ces biens, il faut les
aimer, et, pour les aimer, il faut n'avoir
pas été conduit à en désirer d'excessifs et
d'injustes; il faut n'en être pas venu au
malheur d'exiger que la nature et la société
se concertent pour favoriser un seul homme,
ou un petit nombre d'hommes, en laissant
le grand nombre dans l'abandon; il faut,

même en s'élevant, rester simple et mo-
deste ; alors, on ne précipite point ses vœux
et son action ; on jouit de ce que l'on possède ; on se résigne aux souffrances que l'on
ne peut écarter ; par cela même, on les
adoucit, on les diminue ; toujours patient,
indulgent, on augmente l'attachement de
ses amis, on désarme ses ennemis ; on se
concilie la bienveillance publique ; les événemens, modifiés par de si douces influences, distribuent alors, sur les diverses périodes de la vie, les biens convenables à
chacune ; la sensibilité et la force de l'âme,
économisées par un paisible exercice, se
maintiennent et se prolongent ; on demeure
toujours habile à la bonté, à l'affection,
dont jamais les sujets ne manquent, et qui
sont les véritables sources du bonheur.

Lorsque l'on sait se maintenir dans les
dispositions que je viens d'indiquer, il est
peu d'accidens malheureux, peu de revers,
qui, à l'aide de plus ou moins de temps,
ne soient l'occasion de quelques précieux
avantages ; c'est ce qui est reconnu par les
hommes doux et justes, qui ont réfléchi sur

l'enchaînement des circonstances dont leur expérience s'est composée; bien des démarches qu'ils ont faites, bien des forces qu'ils ont acquises, bien des appuis qu'ils ont obtenus, bien de l'intérêt qu'ils ont inspiré, sont provenus des peines et des privations qu'ils ont éprouvées, ou du moins leur ont donné un accent, un zèle, et des droits qui ont favorisé leurs succès.

Et partout les cœurs généreux ne vont-ils pas au-devant de l'infortune? ils s'attachent de préférence aux hommes, aux enfans, traités avec injustice; ils les vengent, et avec d'autant plus de facilité et d'attrait, que ceux-ci se trouvent disposés, par l'injustice même, à la modération dans leurs désirs, à l'affection pour leurs appuis, à la sincère et touchante reconnaissance.

CHAPITRE VII.

Je puis maintenant me faire entendre en exposant les applications morales du Principe que je cherche à établir.

Lorsque la Loi universelle balance les accidens, les événemens, soit heureux, soit malheureux, qu'elle a semés sur les diverses périodes de la vie, ce n'est pas essentiellement par des événemens d'un genre opposé, c'est principalement par les habitudes ou dispositions que l'âme contracte, et par les idées qu'elle acquiert à l'aide de ces événemens. Notre existence ne nous est point extérieure ; c'est en nous-mêmes que nous vivons et que nous sentons ; les choses qui nous environnent, les choses que nous possédons, ne sont, pour nous, que l'occasion de nos propres sentimens. L'homme qui fut malheureux, et qui répand le souvenir de ses peines sur les biens qui lui sont accordés, donne lui-même à ces biens ce

qui en fait essentiellement le charme ; il ré-
fléchit, pour ainsi dire, son affection sur
les avantages qu'il en retire ; son imagination lui montre, par une comparaison rapide, le prix des objets qui les excitent.

Au contraire, l'imagination échappe sans
cesse à l'homme qui a vécu dans l'habitude
de la fortune et des hommages ; il est fati-
gué, importuné de ce qu'il possède, ou du
moins il le possède sans y penser, sans en
jouir ; il ne sent que ce qu'il désire ; et il
en vient trop souvent jusques à désirer ce
qui serait injuste, ce qui lui donnerait trop
de priviléges sur le commun des hommes,
ce qui, par conséquent, armerait contre lui
un grand nombre d'hommes, s'il pouvait y
parvenir.

Observons que l'on ne croit jamais pouvoir nous toucher davantage en faveur d'une
personne tombée dans l'infortune qu'en nous
disant : son sort, jusques à ce moment fatal,
était si brillant, si heureux !

C'est donc la prospérité antérieure qui
donne au malheur sa principale amertume.
Ajoutons que c'est presque toujours la prospérité antérieure qui amène l'infortune, soit

parce qu'on se laisse entraîner à en faire un mauvais usage, soit parce que la prospérité excite l'envie, passion acharnée et redoutable. Au moment où la révolution française allait éclater, la plupart des grands de l'État étaient poursuivis par la haine du peuple ; et cette haine avait pour motif principal, quoique secret, l'excessive abondance des biens apparens qui composaient leur sort.

Faut-il, pour cela, rejeter la fortune et les hommages ? Non ; mais il faut en prévoir et en craindre les effets ; de cette crainte salutaire naîtra une modération conservatrice ; et cette modération, si elle se borne à l'individu, le préservera des atteintes du ressentiment, des coups si dangereux que les rivaux et les envieux portent dans l'ombre ; si elle s'étend à un certain nombre d'hommes liés entre eux par une communauté d'intérêts et d'avantages, elle arrêtera dans leur source bien des événemens funestes. Les faveurs prolongées de la fortune ressemblent aux accumulations, qui, dans l'atmosphère, amènent les orages. La surface de la Terre, lorsqu'elle demeure trop long-temps dé-

pouillée des principes nécessaires à ses productions, les redemande aux nuages avec
brusquerie et violence; l'équilibre de la nature ne se rétablit qu'avec fracas. De même,
lorsque, dans les nations, la prospérité publique, ou les avantages d'un genre quelconque, se fixent et s'amoncèlent sur un
petit nombre d'hommes, la partie délaissée
revendique ses droits avec colère; elle réagit, par un excès rapide, contre un excès
qui fut lent à se former, mais qui fut nécessairement de même mesure, en prenant l'ensemble des temps et l'ensemble de ses victimes. Tout se succède et se balance. Il
n'est, pour les États, comme pour les individus, qu'un moyen de prévenir les orages;
c'est de ramener vers la Terre, par des
moyens soutenus et insensibles, les subs-
tances fécondes qui, sans cesse, tendent à
s'élever.

Ces dernières considérations seront sai-
sies d'avance, dans toute leur étendue, par
les hommes judicieux; elles les entraîneront
déjà à reconnaître que le Principe des compensations est, dans la nature, la Loi uni-

verselle ; que par conséquent l'Esprit humain, dans toutes ses recherches, ses étu-
des, ses méditations, doit en faire son objet
et son guide. Parcourons, en effet, les différens emplois de la raison et du génie.

Quel est le but du Législateur ? C'est de
donner aux Sociétés humaines des institutions qui, assorties à l'état de la population,
de l'industrie, du territoire, des mœurs et
des idées, tiennent en équilibre, en harmonie, toutes les actions et réactions individuelles.

Le Législateur Politique, étendant sa carrière, cherche à maintenir le plus long-
temps possible, l'existence des Peuples, par
le balancement de leur puissance, et les
compensations de leurs intérêts.

Le Moraliste invite les hommes à modérer, les uns par les autres, tous les mouvemens de leur âme, afin de ne laisser amou-
celer sur aucun désir particulier tout le feu
de la vie. Les Passions, comme on l'a très-
bien dit, sont les orages de l'âme.

Toute maladie violente est également, dans
le corps humain, un orage dont un organe
essentiel est principalement le siége ; le corps

entier témoigne, par son agitation, par sa
fièvre brûlante, qu'il réagit contre cette
accumulation locale, parce qu'elle a entraîné une rupture de l'Equilibre ; l'art du
Médecin consiste à favoriser ces efforts,
dont le dernier résultat doit être le retour
du balancement des forces et des humeurs ;
et lorsque ce balancement est ramené, lorsque la santé est rendue, la science du Médecin indique les moyens de la conserver ;
la science du Médecin se confond alors avec
celle du Moraliste.

Le Physicien, le Physiologiste, décou-
vrent, l'un, dans les Êtres inorganisés,
l'autre dans les Êtres vivans, le mode particulier selon lequel s'opposent et se combinent, en chacun d'eux, les effets de l'Action qui tend à disperser, et ceux de l'Action
qui rassemble, les effets de l'Expansion et
ceux de la Compression.

Le Mécanicien assortit, par opposition,
diverses actions particulières, et de cette
opposition même fait naître un résultat
commun.

Le Littérateur, homme de talent et de
génie, choisit un grand sujet, dont il dé-

veloppe et balance mutuellement les parties ; dans son ouvrage, comme dans ceux
de la nature, l'alternative des mouvemens
opposés, et la combinaison des contrastes,
entraînent l'unité de production.

Enfin, l'Historien à grandes vues, celui
qui a reçu, comme Bossuet et Montesquieu,
le sentiment de l'ordre et de la justice,
suit les Peuples dans leur élévation et dans
leur chute ; il montre que les catastrophes
qui ont amené leur chute ne sont que les
effets ultérieurs et inévitables des causes
mêmes qui ont produit leur élévation.

CHAPITRE VIII.

Mon ouvrage sur les compensations ne fut que le premier jet d'un sentiment excité dans mon âme avec moins de précision que de douceur et d'abondance. Il devait faire, sur mes lecteurs, une impression ressemblante à ces dispositions. Je crois pouvoir dire qu'il les a intéressés ; mais, je l'ajoute avec franchise, je n'ai connu qu'un très-petit nombre de personnes qui, après avoir lu mon livre, aient partagé ma conviction sur la généralité du Principe. Cela vient sans doute de ce que mon livre, n'exposant pas le Principe avec méthode, des détails, quelque nombreux et intéressans qu'ils pussent être, ne suffisaient pas pour le démontrer. En morale, comme en poésie, on séduit et on touche, principalement par le vague des pensées, pourvu toutefois que l'expression en soit heureuse. Mais, comme tout se compense, la séduction et l'émotion ne lais-

sent point d'impressions durables. La Raison seule, et la Raison méthodiquement sui-
vie, donne à ses conceptions de la profondeur et de la permanence.

La Raison est la faculté de voir les choses
telles qu'elles sont, et dans l'ordre selon lequel elles existent. L'homme, sur la Terre,
est un Être qui prend naissance, se développe, se dégrade et se détruit. C'est ainsi
qu'il existe, et tel est l'ordre imposé à l'ensemble de son existence. Sa destinée est
donc formée de deux parts égales et opposées, qui s'enchaînent par succession, s'en-
tremêlent par alternative, et se font mutuellement équilibre. La première est la part
du développement, de la formation, des acquisitions, du plaisir, du bonheur. La seconde est la part du malheur, de la destruction, de la souffrance. La première est
très-inégale entre les hommes; mais, dans
chaque homme, à qui il est donné de parcourir le cercle naturel de la vie, la seconde
part, la seconde moitié de cette Révolution
entière, est nécessairement égale à la première moitié.

D'où il suit que si l'on fait abstraction des

accidens qui peuvent venir trancher brusquement l'existence, accidens qui occupe-
ront nos réflexions, tous les hommes livrés
aux lois naturelles, tous ceux qui parcou-
rent, en entier, soit lentement, soit rapidement, le cercle de la sensation et de la
vie, sont égaux par leur sort. Je rendrai
cette pensée précise en disant :

Tous les cercles humains ont la même
figure, quoiqu'ils n'aient pas tous le même
diamètre.

Ainsi, lors même que, dans le dédale de
toutes les conditions, en nombre presque
infini, qui composeraient le sort d'un homme
pris pour exemple, nous ne pourrions dé-
mêler, avec exactitude, ce qui appartient à
la formation qui l'élève, de ce qui appartient à la destruction qui le décompose, lorsque, voulant ensuite comparer sa destinée
particulière à celle d'un autre homme,
nous nous perdrions dans l'examen et le
rapprochement des détails ; enfin, lorsque,
d'après cet examen, nécessairement très-
vague, très-confus, les apparences nous
montreraient de grandes différences dans
leurs destinées, nous devrions uniquement

en accuser l'insuffisance de nos observations, et l'impossibilité, pour nous, d'assigner une mesure exacte à chacune des actions si multipliées, si subtiles, qui se seraient exercées dans leur sein. *L'équation
générale étant donnée par la nécessité*, qui,
de toutes les Puissances, est la plus certaine
et la plus invariable, nous devrions nous en
tenir, per le sentiment de la certitude, à
cette équation générale, et abandonner de
part et d'autre, dans les détails, ce que
nous n'aurions pu apprécier ou découvrir.

Nous suivrons cependant de nouveau quelques-uns de ces détails si intéressans par
leur objet; nous choisirons quelques exemples qui puissent les placer sous un jour favorable, et en rendre l'approximation moins
indécise ; nous essaierons de composer des
tableaux, ne pouvant dessiner des portraits.

Mais, en ce moment, quoique le Principe des compensations ne puisse être con-
testé, comme il semble entraîner des conséquences paradoxales, cherchons à résoudre
ce genre de difficultés. Nous ne leur don-
nerons le titre d'objections que par déférence

pour les sentimens et les raisonnemens qui les soutiennent. On sent, en effet, que, contre un Principe nécessaire, les objections ne peuvent être qu'apparentes ; on ne réfute point la nécessité.

CHAPITRE IX.

Je commence par l'objection qui se présente le plus naturellement aux âmes généreuses.

Si la destinée de chaque homme sur la Terre se compose nécessairement de deux sommes égales, l'une de plaisirs, l'autre de souffrances, l'ambitieux, le méchant, en versant le malheur sur les hommes faibles, ne font qu'exécuter la loi universelle, et remplacer ou prévenir le malheur que d'autres causes verseraient. Un tel Principe va fermer les cœurs à la pitié; il répandra l'indifférence sur le sort des victimes de l'ambition et de la méchanceté; il rendra par conséquent ces victimes plus faciles à faire.

Un tel effet serait déplorable; mais si on le redoute, ce n'est qu'en supposant que le Principe des compensations s'établira avec autorité et généralité dans les opinions humaines. Dans ce cas, il produira en même temps tous les résultats qui en découlent comme conséquences; il affaiblira généralement l'ambition, en détrompant sur les espérances de bonheur qui s'attacheraient au succès des entreprises injustes. La pitié des témoins de l'infortune est, par elle-même, moins secourable aux infortunés que l'affaiblissement de l'ardeur et de l'égoïsme dans l'âme de ceux qui, sans autres motifs que l'orgueil et la cupidité, ont le penchant de dominer sur leurs semblables.

Mais étendons nos réflexions.

Un homme dans le malheur, est un homme dont l'existence est opprimée; il lutte contre cette oppression; si, par ses propres forces, il parvient à la vaincre, c'est à lui-même qu'il doit son soulagement; mais le plus souvent, dans l'état de société, l'homme malheureux a besoin d'être aidé par les secours de ses semblables; il n'en peut recevoir que des hommes qui, par leur situation, et encore plus par leurs dispositions personnelles, sont en état d'action animée, ou d'expansion surabondante. La *générosité*, la *pitié*, la *bienfaisance*, le *zèle*, sont le témoignage de ces dispositions, qui ont elles-mêmes besoin de s'accorder un doux soulagement ; ainsi , les infortunés sont nécessaires aux nobles plaisirs des hommes généreux et sensibles. Il n'est pas de volupté plus tendre , plus profonde , plus salutaire , que celle qui découle de l'exercice de la bienfaisance.

Le Principe des compensations, mis en pratique, conduit à la modération , à la sagesse ; ce qui conserve la sensibilité ; ce qui même l'augmente ; ce qui , par conséquent , au lieu d'éteindre la générosité , la pitié, augmente la douceur d'en suivre les inspirations délicates.

Nous ne sommes jamais plus émus de pitié qu'en présence d'un homme, d'une femme, d'un enfant, qui viennent de mourir , surtout si c'est par l'effet d'une blessure violente. Cependant ces Êtres ne souffrent plus.

Le sentiment de la pitié, comme tous les sentimens, a donc bien moins sa mesure dans la souffrance de l'objet qui l'excite, que dans la sensibilité de l'homme qui l'éprouve.

L'erreur de ceux qui me combattraient

serait de penser qu'avant d'agir et de sentir,
l'homme raisonne sans cesse, et qu'il creuse
à fond tous les motifs, toutes les conséquences
des déterminations auxquelles il va se livrer.
Il n'en est point ainsi. L'homme, dans ses
actions morales, ou, seulement, dans les
sentimens qui le pressent, satisfait son cœur ;
s'il est très-sensible, si, en même temps,
il a été rendu habituellement sage par un
ensemble d'idées qui le portent à la modération, il fait du bien à ses semblables, il
console l'infortune, par besoin de son propre bien, de son propre bonheur.

Voudrait-on que l'homme pût faire du
bien à ses semblables sans motif personnel ? cela ne fut jamais ; et cela ne pourra
jamais être. Il sera à jamais impossible de
citer un exemple de désintéressement absolu, de générosité gratuite. Soit que
l'homme bienfaisant ait en vue des récompenses éloignées, ou prochaines, mais sur
lesquelles il compte, soit qu'il jouisse vivement de l'affection et de la reconnaissance
qu'il inspire, soit qu'il craigne profondément les reproches, les souffrances, le malheur des Êtres qu'il ne soulagerait pas, c'est

toujours lui-même qu'il satisfait; ce qui le distingue de l'homme vicieux, ou dur, et méchant, c'est que ses motifs personnels sont toujours concordans avec l'intérêt de ses semblables, tandis que ceux de l'homme méchant lui sont opposés. Aussi, la société aime et protège l'homme généreux, tandis que l'homme méchant est un ennemi qu'elle comprime ou dont elle se délivre.

CHAPITRE X.

Mais ici l'objection prend un nouveau caractère. Pourquoi cette punition du méchant ? Quel est sur lui le droit de la société ? Comment serait-il coupable ? Ni les calamités de la nature, dites-vous, ni la méchanceté de l'homme ne peuvent rien sur l'équilibre de notre sort ; l'équité souveraine a fixé la balance ; l'homme et la nature, toutes les fois qu'ils agissent sur le sort de l'individu, ne font que placer dans les deux bassins, ou en retirer, des quantités égales.

Je me hâte de répondre : les sociétés humaines n'existent que par des lois conservatrices de l'ordre public et de la sécurité du citoyen ; c'est par les bienfaits qui découlent de ces lois qu'elles compensent la privation de l'indépendance. Si ces lois n'étaient pas observées, si les hommes qui troublent la sécurité des autres hommes n'étaient point arrêtés et punis, il n'y au-

rait, dans l'État, ni les avantages de l'indépendance, ni ceux de la société; chez une
telle réunion d'hommes, les compensations
n'existeraient pas; aussi, une telle réunion
d'hommes est impossible; l'anarchie n'est
jamais qu'un passage; plus elle est violente,
plus elle est courte; elle mène très-rapide-
ment à la destruction ou à de nouvelles lois.
Que l'on ne craigne pas qu'une opinion favorable au crime ou au désordre puisse jamais
s'établir. Les opinions ne peuvent exister
que par l'état de société; et les sociétés ne
peuvent exister que par l'ordre et par la répression des crimes.

Je puis donc avancer ceci : un homme qui
donne la mort à un de ses semblables ne
fait point que le sort de celui-ci soit inférieur à celui des autres hommes; cependant
le meurtrier commet un crime; c'est au sort
de la société qu'il porte atteinte; la société
doit réagir contre lui, et d'une manière
proportionnée; la société est vivante; elle
ne peut s'empêcher de réagir; c'est elle qui
souffre; la victime ne souffre plus, ne vit
plus; toute réaction lui est devenue impossible.

Ajoutons qu'à l'instant où un meurtre est commis, l'indignation contre le meurtrier est, dans l'âme des témoins, ou des hommes qui en sont informés, un sentiment aussi naturel, aussi indépendant de toute réflexion, que leur pitié en faveur de la victime. Ces deux sentimens sont éprouvés ensemble, et au même degré, parce qu'ils ne sont, l'un et l'autre, qu'un emploi de la même force intérieure, de cette force qui nous fait résister personnellement, et de tout notre pouvoir, à toute image de destruction et de souffrance.

Le sentiment de cette force est même ce qui autorise notre raison à couvrir le meurtrier des titres les plus odieux. Tout homme qui donne la mort à un de ses semblables, sans y être contraint par la nécessité de se défendre, ou de défendre sa famille, ses amis, sa patrie, ou de garantir d'une attaque criminelle l'innocence et la faiblesse, est un Être dénaturé, un véritable monstre dans l'espèce humaine; car la nature nous donne autant de répugnance pour verser le sang d'un de nos semblables que pour verser notre propre sang. Les lois humaines sont donc

justes et conséquentes lorsqu'elles retran-
chent de la société celui qui s'est retranché
de la nature.

Ainsi, le Principe des compensations, s'il
était universellement répandu, n'arrêterait
pas plus, contre le meurtrier, l'action calme
de la justice publique, que l'action prompte
et énergique de l'indignation individuelle.
Il tendrait, au contraire, à donner plus d'accent, plus d'autorité à cette indignation,
puisque, par la pratique de la modération
qu'il conseille, il tendrait à augmenter, à
affermir la sensibilité dans les âmes généreuses.

CHAPITRE XI.

On demandera maintenant comment il est possible que le sort d'un jeune homme dont la mort est précipitée par un accident, ou par un crime, ne soit pas inférieur à celui d'un vieillard qui meurt paisiblement au terme fixé par la nature. Je vais répondre à cette question après lui avoir donné encore plus de généralité et plus de force :

L'homme ne peut avoir senti toutes les souffrances de la vie que lorsque son dernier instant est arrivé au terme naturel, ou du moins lorsque ce dernier instant n'a pas été brusquement précipité. Lorsque le coup mortel est d'une excessive rapidité et d'une excessive violence, l'instant fatal est sans doute d'une douleur effroyable; mais, dès le moment qui suit, la propriété de l'Être est perdue; sa destruction rapide est ignorée de celui qui l'éprouve ; elle n'est connue, ou du moins présumée, aperçue, que des Êtres vivans et sensibles qui en sont témoins.

Voilà l'exception que j'ai indiquée lorsque j'ai établi le Principe. Il est réellement une classe d'hommes qui ne passent point vivans par tous les détails de la destruction organique; ce sont les hommes dont le cercle vital est brusquement tranché par un coup mortel. Sans doute, leur existence, considérée dans son ensemble, reste en Equilibre, puisque tous les Elémens dont ils s'étaient formés vont se disperser; mais puisque une partie de leur Être se maintient encore, pendant plus ou moins de temps, dans l'état organique, quoiqu'ils viennent de perdre à jamais toute faculté de sentir, il est évident qu'ils sont morts à la sensation avant d'avoir atteint l'Equilibre de plaisir et de souffrance.

Mais, en premier lieu, cette exception qui ne dérange pas l'Equilibre général de la nature, ne dérange pas non plus l'Equilibre général des sociétés humaines; l'instinct habituel de l'homme est un instinct conservateur; il s'oppose à ce que nous portions envie au sort de celui qui est surpris par une mort violente; au contraire, le spectacle que cet homme nous présente, émeut notre pitié, et alarme notre imagination sur notre existence même; aucun de nous, si ce n'est dans certains momens d'exaltation excessive, ou de découragement extrême, ne s'exposera à mourir ainsi; chacun de nous, au contraire, évite, même involontairement, toute souffrance brusque, et, dans ce cas, comme dans un grand nombre d'autres, l'instinct vital est vainqueur du raisonnement.

En second lieu, reconnaissons que si chaque homme, pendant le cours de sa vie, était dans chaque instant, en équilibre avec lui-même, sous le rapport du plaisir et de la douleur, celui qui serait surpris par un accident mortel, ressemblerait néanmoins, par l'ensemble de son sort, à celui qui passe par toutes les périodes de l'existence.

Cet Équilibre continu depuis la naissance jusqu'à la mort, n'est pas, à la rigueur, ce que la nature a établi; mais elle a voulu que l'homme qui parcourt en entier le cercle de la vie n'en fût jamais très-éloigné. Dans la jeunesse, nous sommes impatiens, irritables, les obstacles que nos désirs rencontrent nous causent une peine proportionnelle à la vivacité du plaisir que nous goûtons lorsque nos désirs sont satisfaits ; et nous rencontrons toujours une somme d'obstacles à peu près égale à la somme des faveurs que notre position nous accorde , parce que les faveurs de notre position, et généralement toutes nos jouissances , ont pour effet nécessaire de nous disposer à exiger leur renouvellement , ou même leur augmentation , aussitôt qu'elles sont arrivées à leur terme ; or cette exigence parvient d'autant moins à être satisfaite qu'elle est plus vive , car les réactions ou résistances extérieures sont nécessairement en raison de sa vivacité.

En avançant en âge , en se calmant, l'homme acquiert la faculté de supporter plus patiemment les contrariétés de la vie ; il l'acquiert à un degré qui égale celui auquel il perd la faculté de goûter les moyens de jouissance. Comme il se retire chaque jour un peu plus en lui-même, il demande moins de plaisirs aux hommes et à la nature ; il désire avec moins de vivacité ceux qu'il demande encore ; il éprouve par conséquent moins de refus , et il est moins agité par les refus qu'il éprouve ; il voit, chaque jour, diminuer le nombre de ses rivaux, de ses ennemis, des hommes auxquels il porte ombrage ; il s'affecte moins vivement de l'ardeur avec laquelle d'autres hommes portent ombrage à ses désirs et à son sort ; sa raison lui montre qu'une telle ardeur, dans tous les hommes, est légitime et naturelle. L'homme qui peut raisonner est toujours près de la paix intérieure, parce qu'il est juste avec moins d'efforts.

Enfin, la plupart des hommes, à mesure qu'ils s'éloignent de la jeunesse, reçoivent, ou de leur prudence, ou de leur travail, ou de leurs relations avec quelques-uns de leurs semblables, des moyens de bien-être qu'ils ne possédaient pas pendant leurs premières années. Cette compensation de fortune entre d'ordinaire pour beaucoup dans le balancement des divers âges.

Cependant, on ne saurait en disconvenir, le balancement manque d'exactitude. L'homme qui parcourt, au gré de la nature, toute l'étendue de la vie, trouve plus de souffrances, plus de tristesse, sur la route de ses dernières années, qu'il n'en a trouvé sur la route des premières ; pendant la jeunesse, la puissance de formation, de déve-

loppement, d'extension, de plaisir, exerce
la prépondérance ; dès l'âge mûr, cette prépondérance s'apprête à passer du côté de la
puissance de destruction, de chute, de douleur. Le vieillard qui a vécu avec sagesse est
sans doute encore susceptible de douces et
nombreuses jouissances ; mais les infirmités
l'assiégent ou le menacent ; elles lui donnent
sans cesse des avertissemens qui l'importu-
nent ; son âme est bien moins souvent char-
mée par l'espérance, qu'elle n'est affligée
par le regret ; c'était le contraire pendant
sa jeunesse.

Voilà ce qu'une mort anticipée lui aurait
épargné ; en sorte que si l'on écarte les réclamations de l'instinct, qui nous portent à
considérer ce que je vais dire comme une
idée révoltante, si l'on écoute paisiblement
la réflexion , on reconnaîtra que la plupart
des hommes frappés d'un coup mortel vers
le milieu, ou vers le commencement de leur
carrière, échappent à plus de douleurs qu'ils
ne perdent de plaisirs.

Et la même réflexion montre qu'il n'est
pas une situation où un coup mortel ne

tranche la vie de manière à ce que les deux parts ne soient au moins égales.

Pour faire entendre cette dernière pensée, je vais présenter un tableau touchant ; il m'a été fourni par un jeune homme très-éclairé, très-estimable.

CHAPITRE XII.

Un ami que j'ai perdu, me disait-il, a été trop malheureux pour que l'on puisse lui appliquer le Principe des compensations. Né sans fortune, il s'était vu de bonne heure dans l'obligation de faire lui-même sa position, et pour cela de suivre la carrière de l'instruction mathématique, que le Gouvernement lui indiquait, afin de le faire profiter des droits que lui avait laissés son père mort en combattant comme officier du génie. Ce jeune homme n'avait aucun goût, aucunes dispositions pour les sciences mathématiques ; il aurait eu de l'attrait pour la musique, pour le dessin, pour la poésie ; son cœur, susceptible d'affections profondes et honorables, s'était vainement livré à l'amour, il n'en avait retiré que des peines. Enfin, la conscription l'avait appelé dans les camps, et il avait bientôt reçu la mort ; ainsi, il n'avait eu que des douleurs pendant le peu de temps qu'il avait possédé la vie.

On n'en saurait disconvenir, une telle destinée semble n'avoir été que malheureuse.

Cependant, ce jeune homme, sensible, aimant, n'avait pas été étranger à tous les genres de plaisirs ; les beaux-arts, dont il avait le goût et le sentiment, lui en avaient fourni de fréquens et de véritables ; les plaintes même qu'il avait faites à son ami, et les consolations qu'il en avait reçues, avaient, plus d'une fois, donné à son cœur un tendre soulagement. La peine honorable, la peine non méritée, est la source de cet épanchement si doux, si salutaire, que l'amitié excite, et qui est une jouissance bien réelle, quoique nous soyons portés à ne pas lui en donner le nom ; combien d'âmes tendres la poursuivent de préférence à des jouissances éclatantes !

Et reconnaissons, d'une manière générale, que le jeune homme dont le cœur est susceptible de sentimens délicats, trouve toujours et partout, à sa portée, un objet d'affection ; si ce n'est point une amante, si ce n'est point une mère, un frère, c'est un ami ; et alors toute la vivacité d'attache-

ment dont il est capable s'exerce à l'égard
de cet ami; ce qu'il répandrait de sentimens
sur un certain nombre d'objets et de personnes, il le concentre sur un seul objet;
il aime autant qu'il est en lui; il jouit au
degré de ses besoins; dans une autre position, ses jouissances seraient plus nombreuses, plus variées; mais chacune serait
légère, fugitive; par leur ensemble, elles ne
pourraient jamais employer que toute la sensibilité de son âme; et c'est ce que fait, à
elle seule, la jouissance à laquelle il est réduit.

Supposons maintenant que le jeune homme
qui nous occupe se crut et se sentit réellement malheureux lorsqu'il fut appelé aux
armées. Dans la carrière militaire, l'homme
est sans cesse en présence de la mort. Quel
est celui qui l'envisage avec le moins de
peine, si ce n'est celui qui a le moins de raisons de tenir à la vie? Que le jeune homme
dont nous parlons eût contracté des liens
bien chers avant de se rendre aux combats;
que sa position, déjà heureuse et affermie,
lui eût présenté tous les moyens de bien-être,
ou que du moins ses relations, et son début

dans la société l'eussent autorisé à concevoir de douces espérances, la condition militaire n'aurait-elle pas été, pour lui, beaucoup plus pénible ? n'aurait-il pas gémi de regret, et frémi d'épouvante, d'être constamment exposé à recevoir le coup mortel ? S'il n'avait encore été que repoussé, opprimé, ses acquisitions d'existence n'avaient donc pu encore devenir précieuses, ni nombreuses ; au terme de sa vie, il ne faisait point de pertes considérables ; près de lui tombaient, sous les mêmes coups, des hommes pleins d'un juste attachement pour leur sort ; ceux-là n'envisageaient la mort qu'avec bien plus d'effroi, et ne la recevaient qu'avec bien plus de peine ; mais ceux-là avaient goûté les charmes de la vie. Le passé avait fait d'avance la compensation du présent, comme il aurait fait, s'ils eussent vécu, les regrets, les douleurs de leur avenir.

Généralement, quelque supposition que l'on puisse faire, il faut toujours, lorsque l'on veut juger le sort d'un homme dans une situation donnée, commencer par considérer de quelle nature sont ses idées et ses sensations ; or, il est impossible que ses idées et ses sensations ne se mettent point en équilibre avec sa situation même, et la plus malheureuse en apparence peut être si féconde en douceurs! Suivez l'homme qui y est soumis, et, sans lui prêter vos idées, vos besoins, vos habitudes, vos liens, votre caractère, regardez s'il est habituellement dans le calme ou l'irritation, dans la gaîté ou la tristesse; voyez, de plus, si son irritation ou sa tristesse ne s'expriment pas de manière à démontrer que leur soulagement est un plaisir. Mirabeau, l'homme le plus fougueux de ce siècle, est plongé dans un cachot; dans bien des momens, sans doute, il éprouve des sentimens horribles; ses lettres le prouvent; mais ses lettres prouvent plus fréquemment encore que son âme est habituellement brûlante d'exaltation et d'amour; n'est-ce pas du bonheur qu'un tel enthousiasme? et lorsque, en lisant Richardson, il se livre à l'émotion profonde, à l'admiration, aux ravissemens sublimes, est-il dans le malheur?

Qu'il me soit permis de citer un autre témoignage.

Jeté, par mon imprudence, parmi les

victimes de fructidor, j'ai essuyé une pros-
cription de trois ans ; réfugié dans l'asile de
tout ce que l'on appelle infortune, dans une
maison de charité, je n'y ai pas vu, à beaucoup près, des douleurs aussi vives que dans
le monde ; et moi-même, privé de ma liberté, osant à peine me remuer dans ma
cellule, car très-peu de personnes étaient
du secret, ayant, de temps à autre, à trem-
bler pour ma vie, contraint alors de chercher promptement dans un souterrain, qui
n'était pas impénétrable, un abri contre les
perquisiteurs ; en un mot, passant mes jours
dans une situation que mes amis jugeaient
désespérante, j'étais habituellement si loin
de l'irritation et de la tristesse, que j'écrivais mon ouvrage sur les compensations dans
les destinées humaines ; la mienne, comme
on a pu le voir, par cet ouvrage, était l'objet
de mes bénédictions. Cependant, je me le
rappelle, j'avais quelquefois des journées
d'accablement ; d'autres fois, toutes mes
pensées, tous mes sens, tous mes désirs
étaient dans le tumulte ; je n'écrivais point
alors ; je souffrais et j'attendais.

CHAPITRE XIII.

En résumant ce que j'ai dit dans les deux chapitres précédens, je pose de nouveau en Principe que tous les hommes sont égaux de destinée, lorsqu'ils passent par le cours ordinaire et naturel de la vie humaine; ceux-là forment le plus grand nombre, et c'est l'examen de leur sort qui devait nous conduire à la connaissance du plan général de la nature, le sort des hommes qui meurent de mort violente ne pouvant être qu'une exception accidentelle à ce Plan général.

Quant à ces hommes qui meurent de mort violente, à quelque terme de leur carrière que l'accident fatal vienne les surprendre, il prévient, dans le sort d'un certain nombre, une plus grande somme de sensations douloureuses que de sensations agréables, puisque, dans l'ordre naturel de la vie, les sensations agréables et les sensations douloureuses, quoique près de se faire équilibre, vont cependant, les premières en décroissant, les secondes en augmentant.

Mais, commè, dans un moment donné de la vie humaine, les sensations agréables et les sensations douloureuses ne sont que près de se faire équilibre, mais ne peuvent se trouver que rarement au terme de l'équilibre absolu, un coup fatal peut surprendre l'homme dans un instant où le plaisir, pour lui, l'emportait sur la peine, ou bien la peine sur le plaisir. Dans le premier cas, il était heureux; ce sont alors des compensations douloureuses que le coup mortel a prévenues; s'il était dans le malheur, quelles que fussent les apparences, ce ne pouvait être réellement que d'une quantité légère; et alors, en échappant au léger surcroît de peines que la Nature réserve à la vieillesse, l'ensemble de son sort retrouvait le balancement.

Ajoutons une considération physiologique qui mérite que l'on s'y arrête.

L'homme, dans le bonheur, ou seulement dans le bien-être, est animé, toutes choses égales d'ailleurs, d'une action vitale,

plus énergique que celle de l'homme dans
l'infortune, dans la tristesse, dans l'indigence. Les situations pénibles font, sur le
tempérament de l'homme, un effet ressem-
blant à celui de la vieillesse ; en même temps
qu'elles abattent la sensibilité, elles diminuent la force de résistance.

Si le même coup mortel frappe un vieillard et un jeune homme, ou un indigent et
un homme favorisé de la fortune, ou un
homme dans le chagrin et un homme que
la félicité semble poursuivre, la mort de
celui-ci, ainsi que la mort du jeune homme,
ainsi que la mort de l'homme opulent,
seront beaucoup moins faciles, beaucoup
moins promptes ; ils auront le temps et la
force de sentir cet horrible coup de mort.

Avant de tomber, Turenne fit quelques
pas, et serra la main de l'un de ses lieu-
tenans ; Charles XII porta la sienne sur la
garde de son épée. Si, au moment où le
duc de Berry fut poignardé par un atroce
fanatique, la santé de ce Prince, au lieu
d'être brillante et forte, se fût trouvée lan-
guissante, la même blessure lui eût donné

la mort beaucoup plus rapidement, et il eût beaucoup moins souffert.

La loi du balancement se retrouve donc jusques dans ces accidens terribles, contre lesquels l'instinct arme notre imagination, et toutes nos facultés, d'une si forte répugnance; et cette répugnance même explique quelle a été l'intention de la Nature, lorsqu'elle a voulu que ces accidens prévinssent, dans le sort de la plupart de leurs victimes, plus de douleurs que de jouissances. Une telle compensation était due à l'homme qui tombe sous les coups d'un meurtrier, ou qui périt brusquement en défendant sa famille, ses amis, sa patrie; elle était due encore comme consolation, à ses parens, à ses amis; il était bon que ceux-ci, en se livrant à la douleur, pussent dire : c'est nous surtout qui faisons une perte cruelle; il est moins à plaindre que nous; il échappe à plus de peines qu'il ne perd de plaisirs.

Enfin, cette consolation était due surtout à l'homme qui tombe victime, mais non sur le coup, d'une atteinte mortelle; la précipitation de sa chute fait qu'à l'instant où elle se consomme , un certain nombre d'organes n'ont pu encore être détruits , que , par conséquent , malgré la violence de ses douleurs , une certaine somme de souffrance lui est encore épargnée. La pensée que j'expose peut adoucir des momens si cruels.

Ainsi, la loi du balancement montre , jusque dans ses exceptions , les distributions de la justice.

Mais que le jeune homme ardent et sensible ne tire point de cette doctrine une fausse conséquence; qu'il ne dise pas : je ne sais ce que l'avenir me prépare ; je mourrai peut-être à la fleur de mon âge, et je le désire ; l'idée seule de la vieillesse m'attriste et m'épouvante; hâtons-nous de jouir de la vie ; la prudence même m'entraîne à en précipiter l'usage....

Jeune homme , arrêtez-vous ! c'est le sentiment exagéré de vos forces qui vous fait braver l'image d'une mort prématurée; et c'est l'ardeur même avec laquelle le sang coule dans vos veines qui vous fait haïr le temps où il commencera à se ralentir. Si vous vous livrez témérairement à des pas-

sions insensées, si, pour ainsi dire, vous
soufflez en vous-même sur le feu de vos désirs, afin d'en augmenter la flamme, vous
consumerez ses alimens ; vous éteindrez ce
feu brillant qui donne à votre âme son éclat
et son énergie ; elle vieillira long-temps avant
votre corps ; elle commencera par tomber,
comme une cendre stérile, dans une froideur et une légèreté insignifiantes ; elle finira
par rester morne, indolente, bizarre, dé-
goûtée ; alors, elle n'affrontera plus la mort ;
elle la redoutera au contraire ; et cependant,
elle n'aura plus d'attachement pour la vie.

Et je suppose encore que le jeune homme
n'a épuisé que la chaleur de son âme ; je
suppose que les forces de son corps s'étant
maintenues, il ne s'est jeté que dans une
frivolité puérile, ou dans un état d'accablement sombre et insupportable ; mais si,
comme cela arrive d'ordinaire, la vieillesse
même de son corps a été précipitée, s'il est
livré, non à des infirmités lentes comme
celles du vieillard, mais à des souffrances
désordonnées, irrégulières, confuses, son
existence est devenue la plus misérable ;
son humeur, image extérieure de la dis-

corde qui règne dans son Être, se montre
inégale, capricieuse, inquiète, irritée ; il
mendie alors l'affaissement et la tranquillité
du vieillard.

J'ai vu davantage ! J'ai vu un jeune
homme se débattre en désespéré contre la
mort qu'il avait appelée avec ostentation
par la fureur de ses vices. Je l'ai vu, sur le
lit de l'opulence, invoquer, à grands cris,
le sort et la vigueur du forçat ; j'ai frémi :
c'était le malheur qui proclamait la justice.

Et lorsqu'un homme qui se rendit criminel passe ses derniers jours, ses derniers
instans, dans des peines affreuses, c'est
encore la justice qui est proclamée par le
malheur.

Qu'est-ce que se rendre criminel ? C'est
envahir avec violence les biens et les jouissances d'autrui pour les transporter sur sa
propre existence ; c'est usurper une part
d'avantages qui doit trouver sa part correspondante de souffrances et de détriment.

Cette part s'établit toujours, d'une manière ou d'une autre, vers les derniers temps
de la vie d'un homme qui, pendant sa jeunesse, ou son âge mur, se livra à des mou-

vemens coupables. S'il est saisi, condamné, frappé de mort, en la recevant, il sent qu'il la mérite, qu'il est, pour ses semblables, un objet d'horreur; cette idée ne peut être qu'épouvantable, et s'il échappe aux punitions légales, à la vengeance des hommes, s'il vieillit avec ses souvenirs, ceux-ci le poursuivent, le rongent, le dessèchent, ils forment sa compagnie habituelle à une époque qui, par elle-même, a besoin de tant de consolations.

Ainsi, tandis que pour le vieillard qui n'a point de reproches à se faire, qui ne chercha point autrefois des jouissances exagérées, et des avantages injustes, il y a encore bien des sentimens tendres, et le goût paisible des biens qui lui sont offerts par sa situation; le vieillard qui fut criminel ne connaît plus de la vie que les regrets, l'ennui, l'amertume....

Ah! qu'il me soit permis de le dire : dès l'instant où les forces commencent à décroître, lorsque, chaque jour, moins habile à saisir le plaisir, on rentre dans la solitude de soi-même, la vue des fautes que l'on a commises, humilie, importune; et comme

on devient naturellement disposé à la tristesse, les souvenirs pénibles se présentent
plus fréquemment que les sentimens honorables et consolateurs.

Jeunes gens, ne flétrissez point votre
vieillesse.

CHAPITRE XIV.

Aux réflexions qui précèdent s'enchaînent celles que nous allons exposer.

L'homme, dans une situation quelconque, dans un moment quelconque, veut l'amélioration de son existence; car vivre n'est pas autre chose que ce besoin, cet instinct, cette volonté. Mais un homme peut tomber dans une situation telle que la prévoyance de son avenir lui montre des peines plus fortes que l'idée qu'il se forme de la destruction subite de son Être; l'acte meurtrier par lequel il termine son existence est alors le fruit d'une comparaison dans laquelle l'idée de la mort violente, subite, a eu l'avantage.

Les Êtres animés, inférieurs à l'homme, ne sont point capables de suicide, parce qu'ils ne sont point capables de prévoyance.

Avant la Révolution, ce n'était point, en France, dans les conditions inférieures de

la société, que l'on voyait des hommes re-
jetant, par satiété ou par désespoir, le
fardeau de la vie ; ce n'était point dans les
classes les plus malheureuses en apparence ;
c'était dans les classes qui semblaient les
plus fortunées. Et aujourd'hui encore, suivez les hommes qui ont pris l'habitude de
travaux soutenus, fatigans, malsains même,
et qui ne leur rapportent qu'un très-faible
salaire, mais sur lequel ils comptent, vous
ne leur verrez ni humeur ni tristesse ; ils
envieront quelquefois le sort des riches ;
mais leurs plaintes n'auront point de violence ; surtout, ils se montreront affranchis
de la peine qui dévore tacitement les
hommes dont la vie s'écoule au sein du
loisir et de la fortune. Ceux-ci s'inquiètent
de la rapidité du temps et du progrès des
années ; ils n'avouent leur âge qu'à regret ;
ils en parlent le moins possible ; ce silence
et cet effort témoignent qu'ils y pensent
et s'en affligent sans cesse. Les hommes
des rangs inférieurs ne dissimulent point
le nombre de leurs années ; ils ne s'en
occupent presque jamais ; parmi eux, on
en trouve même qui l'ignorent ; la pensée

de la mort n'est pas, pour de tels hommes, compagne de la vie ; et comme leur imagination a toujours été sans exigence, comme ils n'ont à peu près espéré de la vie que ce qu'elle pouvait leur donner, ils ne se sont jamais irrités contre elle ; ils n'ont point invoqué la mort.

Que l'on réfléchisse à de telles différences entre les classes supérieures et les classes inférieures ; elles sont certainement le signe de compensations puissantes, et, dans les temps ordinaires, on les remarque chez tous les peuples civilisés.

Mais il est des époques, dans la durée des peuples civilisés, où tous les rapports sont changés. En France, par exemple, la Révolution a subitement jeté la fortune et les jouissances sociales vers un grand nombre d'hommes nés dans les classes inférieures ; elle les a fait passer inopinément, et sans gradations, de l'indigence à une prospérité enivrante, de l'habitude pacifique d'un travail obscur à une sorte d'oisiveté bruyante qui, ne pouvant être ennoblie par des occupations intellectuelles, est devenue débauche, fainéantise, par conséquent source de grandes peines pour l'avenir; elles ne pouvaient se faire attendre; d'affreuses calamités, produites par une réaction inévitable, ayant brusquement succédé à l'exhaussement colossal de la fortune populaire, l'indigence est venue ressaisir bien des hommes des classes inférieures, et elle ne les a pas retrouvés dans des dispositions modestes, résignées; elle leur a enjoint de renoncer à des habitudes, à des jouissances, qui avaient changé entièrement leurs inclinations et leurs idées; quelques-uns, ne voulant pas se soumettre, sont tombés à la fois dans un denuement si absolu, et dans une situation d'esprit si malheureuse, que la mort seule a pu leur présenter un refuge contre tant d'infortune.

C'est ainsi que cette plaie désolante du suicide a changé de victimes; aujourd'hui elle est rare dans les classes supérieures, non parce que les moyens d'existence y sont devenus abondans, ils y sont difficiles au contraire, bien plus difficiles qu'avant la Révolution; mais, (et ici se montre une grande compensation sur laquelle nous reviendrons dans la suite,) par l'effet du changement, que, depuis la Révolution, les mœurs ont éprouvé, la mobilité des idées, du caractère, des situations, prévient aujourd'hui, dans les hommes du monde, cette concentration de la vie et des passions, qui naissait autrefois des habitudes générales. Le suicide, dans les hautes classes de la société, est devenu rare comme l'aliénation mentale, et pour les mêmes causes; la mort n'est presque plus appelée par le désordre de l'imagination; quelquefois seulement, elle est invoquée contre le désordre des affaires; parmi les hommes qui, après avoir connu le bien-être, et avoir abusé de ses douceurs, se croient devenus pauvres sans ressources et sans espoir, il en est qui renoncent à la vie: et ce n'est pas alors un acte violent, comme dans les cas de passions cruellement et brusquement refoulées; c'est, le plus souvent, une atonie qui affaisse l'âme, et qui appelle la mort, parce que déjà elle lui ressemble.

C'est une chose remarquable que très-peu d'Emigrés se soient donnés la mort, tandis que la classe à laquelle ils appartenaient était, avant la Révolution, très-féconde en suicides.

C'est que, pour l'homme dont la position s'abaisse, après un certain temps il n'y a plus malheur, il n'y a que changement. Un tel homme commence sans doute par souffrir, et d'une manière proportionnée à la grandeur de sa chute ; car, nous l'avons dit : descendre c'est souffrir. Mais lorsque sa nouvelle position est arrêtée, son organisation et ses idées sont descendues au même niveau ; il n'est plus susceptible que des maux et des plaisirs fournis par sa position nouvelle. On peut le dire numériquement et sans figure : la quantité de malheur qu'il a éprouvée est prise sur la quantité générale de destruction, ou de mort, ou de malheur, que, par son élévation primitive, il était destiné à subir. Il ne s'affecte de la nécessité de vieillir, et de mourir, que proportionnellement à la somme de bonheur qui lui reste. Ses biens et ses plaisirs, moins nombreux, moins vivement goûtés, sont aussi moins vivement traversés par cette pensée : *il faudra les quitter un jour ;*

enfin, ses derniers instans ne sont douloureux et pénibles qu'en raison de ce qu'il
a conservé jusques-là de moyens de jouir,
ou au moins de raisons d'espérer. Pour
rendre cette vérité manifeste, il ne faut
qu'observer les effets des peines extrêmes.
On en trouve quelquefois l'histoire dans
les annales de l'humanité. On a vu, pendant les années horribles de la Révolution
française, des hommes, des femmes, tomber rapidement de l'excès de l'opulence
dans l'excès d'oppression et d'infortune; on
les a vus, presque tous, finir par être
calmes, paisibles, indifférens, au sein d'une
situation que l'on jugeait extrêmement féconde en humiliations et en supplices. Avant
nos troubles, la contrariété la plus légère,
le moindre dérangement dans leur bien-
être, les irritaient vivement; et, dans les
cachots, privés de toute liberté, de tout
plaisir, de tout espoir, ils étaient impassi-
bles; la pensée même de l'échafaud ne leur
causait plus d'épouvante; et sa vue n'était
plus un objet d'horreur.

Qu'est-ce qu'un homme dans l'état de
peine la plus violente? Je l'ai indiqué; c'est

celui qui, rendu vivement et profondément sensible par son organisation primitive, par son éducation, par les faveurs de la fortune, a étendu avec excès la sphère de ses désirs, de ses projets, de ses espérances, les a convertis en droits dans sa pensée, et tout d'un coup rencontre, sur presque tous les points de cette sphère exagérée, la résistance violente de la nature et de la société. Quelle irritation ne doit point le saisir ! Mais qu'à l'instant où il va se livrer peut-être à des actes de fureur, ou à la démence du désespoir, un accident imprévu lui cause une forte blessure : son sang coule, son agitation s'apaise ; si sa blessure est tellement grave que, sans lui donner la mort, elle altère pour toujours des organes essentiels, son tempérament s'affaiblit ; son caractère tombe ; ses anciens désirs, ses anciens ressentimens, lui sont devenus également impossibles. Il ne connaîtra plus l'ivresse du bonheur ; mais les orages du malheur ne troubleront plus son âme.

Telle est l'unité parfaite qui règne dans notre Être : ce qu'une forte blessure peut produire de calme et d'affaissement peut être également l'ouvrage de l'adversité forte et soutenue. L'une et l'autre sont une anticipation sur la mort qu'il nous faut toujours payer tout entière, et dont la dette s'élève en raison de nos biens et de nos plaisirs.

CHAPITRE XV.

Lorsque l'on veut combattre le Principe des Compensations, on cite l'exemple de Fontenelle; et il n'en est pas de plus spécieux. Mais, en premier lieu, Fontenelle, homme très-spirituel, très-éclairé, très-aimable, très-judicieux, n'en était pas moins un homme d'une froideur remarquable; il n'avait jamais porté d'ardeur en amour ni en amitié. On sait avec quelle candeur il s'abandonna à son égoïsme, au moment où Lamothe mourut subitement en sa présence. Un tel homme n'avait jamais pu connaître ni grandes peines ni grands plaisirs.

En second lieu, Fontenelle qui, en toutes circonstances, mettait de l'esprit, avait coutume de dire, lorsqu'il perdait une dent ou ses cheveux : ce sont mes équipages qui prennent les devants. Ce mot témoignait que Fontenelle, malgré sa gaîté douce en présence des hommes, pensait souvent à la mort dans la solitude. Or, par cela même que la mort est l'ensemble des souffrances, c'est souffrir que de penser à la mort.

J'ai connu un vieillard qui rappelait Fontenelle par son caractère, son amabilité, sa santé et sa situation. Un jour, en ma présence, sa Fille le félicitait sur les douceurs de sa longue carrière. Il prit sa main, et la regardant avec une physionomie qui nous pénétra de tristesse et de surprise : ma Fille, lui dit-il, détrompez-vous, et ne m'en parlez plus ; si Dieu m'offrait de recommencer la vie aux mêmes conditions, je n'accepterais pas.

On sait que Ninon de l'Enclos approchant de la vieillesse exprimait avec énergie le même sentiment dans une de ses lettres à Saint-Evremont ; et l'on sait aussi que, pendant sa jeunesse, ses grâces et ses adorateurs ne l'empêchaient pas d'être envieuse de la beauté des autres femmes ; ce qui n'était un signe ni de bonheur, ni de bonté.

Généralement, les hommes ou les femmes qui, pendant leur jeunesse, ont eu de grands avantages naturels, ou de grands talens, sont poursuivis, dès l'âge du retour.

par des souvenirs et des regrets proportion-
nés à ce qui, précédemment, a fait leurs
jouissances ; ils comparent ce qui leur reste
à ce qu'ils ont possédé ; ils estiment chaque
jour davantage ce que le temps leur enlève ;
ils prennent, par degrés rapides, une connaissance anticipée de la cessation absolue
de leurs anciennes facultés. En même temps
une génération nouvelle s'élève constamment autour d'eux ; parmi les jeunes gens
qui composent cette génération, il en est
qui sont actuellement ce que, jadis, ils
étaient eux-mêmes, ce que chaque jour ils
sont un peu moins, ce que bientôt ils ne
seront plus ; leur imagination n'a guère
d'autre compagnie habituelle que ces tristes
idées, presque entièrement étrangères aux
hommes et aux femmes sur lesquels la nature n'avait point répandu ses faveurs.

J'ai assisté à la mort du vieillard dont je
parlais tout-à-l'heure ; il était âgé de quatre-
vingt-quatorze ans, ayant joui, jusques à sa
quatre-vingt-treizième année, de la santé la
plus forte. Il mit un an à mourir, à sentir qu'il
mourait, à s'en attrister profondément, et

cependant à le dissimuler avec un soin extrême ; pendant sa dernière maladie surtout, il affectait des réticences, ou bien il
cherchait à donner le change de manière à
n'en dévoiler que mieux ce qui se passait
dans son âme. En attendant, il luttait avec
violence contre la mort ; et le parfait bien-
être, les soins attentifs, le régime très-for-
tifiant, très-bien dirigé, dont il était l'objet,
ne faisaient que fortifier ses douleurs ; il le
sentait, car il laissa une fois échapper ces
mots : Vous voulez donc me rendre la mort
bien difficile !

Son agonie fut très-longue, très-agitée,
et telle que l'on aurait pu l'attendre d'un
jeune homme plein de vigueur. Dans une
situation moins douce, il serait mort plus
aisément.

De là il faut être loin de conclure que les
soins et le bien-être doivent être refusés aux
vieillards mourans ; qui pourrait, dans des
occasions semblables, suivre un tel conseil ?
D'ailleurs, il suffit que l'on puisse concevoir
l'espérance de rappeler à la vie un Être que
l'on chérit, pour que l'on s'impose le devoir de tout tenter pour y parvenir. Mais de

telles observations consolent les personnes qui, par leur situation, se trouvent hors d'état de suivre les mouvemens de leurs affections; elles ont le droit de dire : si j'avais pu faire ce que mon cœur désirait, je n'aurais que prolongé et augmenté les douleurs de l'Être que j'aimais.

Qu'il me soit permis encore de mettre en usage, pour le Principe des Compensations, l'observation suivante qui me frappa dans ma jeunesse, à l'époque où ce Principe se préparait dans ma pensée.

J'habitais, en 1786, une petite ville du Languedoc. J'élevais les enfans d'une famille estimable; elle recevait souvent la visite d'un de ses parens, M. de C., ancien militaire, lieutenant-colonel, ayant fait la guerre avec la plus grande bravoure. Ses actions d'éclat lui avaient valu, à 28 ans, la croix de Saint-Louis.

Ce brave homme avait fixé sa retraite dans un délicieux ermitage près de Béziers; nous allions quelquefois le voir; il avait beaucoup d'amitié pour moi; sa situation était une des plus désirables dont l'imagination

puisse se faire l'idée ; célibataire, il est vrai,
mais chéri de deux familles , chez lesquelles
il allait passer alternativement plusieurs mois,
ramenant ensuite quelqu'un de ses parens à
son ermitage, où il jouissait avec pleine sécurité d'un revenu de dix mille francs, il semblait être l'homme le plus heureux ; mais,
de ce bonheur même naissait secrètement
une pensée bien cruelle ; il avait soixante et
douze ans ; et, quoique sain en apparence, il
se sentait dépérir. Un jour, nous allâmes le
voir ; il nous avait écrit qu'il était malade ;
nous le trouvâmes d'une tristesse accablante.
Comme je l'aimais profondément, je causai
long-temps, et en particulier, avec lui. Dans
un moment où il fut touché de l'affection
que je lui témoignais, il prit ma main,
et se mettant à pleurer comme un enfant,
il me montra ses jambes qui s'engorgeaient ;
il ne pouvait point proférer une parole. Cet
homme, autrefois si courageux, qui, sur le
champ de bataille, avait bravé mille morts,
et qui, encore appelé aux combats, aurait
donné les plus nobles exemples, cet homme
respectable était désolé de se voir mourir.
Ses larmes attestaient de quelle nature et

de quelle importunité étaient ses pensées
habituelles. Il mourut en effet quelques mois
après; sa désolation de quitter le bonheur
y contribua.

CHAPITRE XVI.

On pourrait m'opposer les réflexions suivantes.

La douleur, la tristesse, avez-vous dit,
sont, en nous, les témoignages sensibles
d'une destruction organique; et la Nature
nous a armés de répugnance contre notre
destruction. Cependant, il est des hommes,
des femmes, des jeunes gens, qui invoquent
la douleur, qui se plaisent dans la tristesse.

Je ferai, à mon tour, plusieurs observations qui faciliteront ma réponse.

Dans quelle classe de la société trouve-
t-on des hommes, des femmes, des jeunes
gens qui poursuivent la tristesse comme
source de plaisir ? C'est dans les classes qui
jouissent des faveurs du loisir et du bien-
être. Une telle disposition est inconnue aux
hommes, aux femmes, aux jeunes gens,
que des besoins pressans, et constamment
renouvelés, tiennent sans cesse en action
et en inquiétude.

En second lieu, dans la classe même où l'individu peut se livrer aux douceurs du bien-être et du loisir, il faut encore avoir reçu de la Nature une imagination vive, une sensibilité délicate, pour être susceptible de mélancolie.

Enfin, la mélancolie devait être, il y a un demi-siècle, une situation d'âme très-répandue, puisqu'elle était le caractère des Écrivains les plus estimés. On ne goûterait plus aujourd'hui, du moins au même degré, cette profondeur de tristesse qui faisait le charme des ouvrages de J.-J. Rousseau, de M͞ᵐᵉ de Staël, de Mᵐᵉ Cottin, et qui a donné, aux premiers écrits de M. de Chateaubriand, une teinte si attrayante.

Les écrits de Lord Biron excitent bien plus de curiosité par leur bizarrerie, que d'intérêt par les sentimens qu'ils expriment ; on les recherche un instant, parce que l'on aime ce qui étonne ; mais les personnes qui les lisent ne les lisent qu'une fois ; la génération actuelle est très-loin de s'en nourrir comme la génération précédente se nourrissait des ouvrages que je viens de citer. Les Nuits d'Young même, les méditations d'Hervey, étaient la lecture habituelle de tant de jeunes femmes, de tant de jeunes gens ! Pour peu que l'on ait des souvenirs à comparer, on reconnaît que *ce siècle de la mélancolie*, si vivement signalé par madame de Staël, passe chaque jour. Il semble que cette Femme illustre l'ait terminé.

Ces Faits si remarquables sont parfaitement conformes aux Principes que nous avons établis. La sensibilité, avons-nous dit, est le résultat ultérieur de l'action de la vie. Il est par conséquent impossible que, dans chaque période d'une étendue plus ou moins considérable, selon notre âge, notre tempérament, notre situation, la mesure de sensibilité que chacun de nous possède ne se dépense pas tout entière ; car l'action de la vie, qui est une cause permanente, ne peut être empêchée de produire une somme d'effets correspondante à son intensité ; elle s'arrêterait si elle ne les produisait pas.

Une image simple donnera l'idée de cette correspondance. Dans une pendule, l'indication des heures, par le mouvement de l'aiguille, est le résultat ultérieur de l'action du ressort. Arrêtez le ressort, l'aiguille ne marche plus; mais, réciproquement, arrêtez le mouvement de l'aiguille, et la force suspensive de l'obstacle s'étendra jusqu'au ressort.

C'est donc sous peine de la vie qu'il ne peut jamais se former en nous une accumulation de sensibilité au-delà de certaines bornes; tout sert d'occasion à l'épanchement du vase, les moyens de plaisir et les moyens de douleur; et ces moyens de plaisir ou de douleur, nous les sentons, non en raison de leur importance, forte ou légère, mais en raison du degré de sensibilité qui nous presse au moment où ils se présentent.

Cependant si, par l'effet de notre situation sédentaire, recueillie, nous ne voyons à peu près se reproduire, autour de nous, que les mêmes occasions de jouir et de souffrir, l'habitude finit par émousser l'impression qui en émane; alors notre sensibilité reste en nous, et elle nous oppresse; elle surcharge le ressort.

Et si nous sommes naturellement d'une organisation vive, délicate; si, en même

temps, cette situation qui nous tient re-
cueillis et sédentaires, nous fournit avec
abondance ce bien-être, ces jouissances organiques, qui tendent à rendre le tempérament très-animé, très-producteur, c'est
alors que nous tombons dans l'affaissement
mélancolique; mais il ne peut se prolonger;
la vie, dans notre sein, lutte avec énergie
contre la surabondance et la densité de ses
résultats.

Cette disposition critique est vague, parce
qu'elle s'étend à toutes nos idées, à tous
nos organes, à l'ensemble de notre Être;
elle est douloureuse, parce que c'est l'ensemble de notre Être qui, sur tous les
points, est agité, troublé; et cependant
elle nous plaît, elle nous charme, parce
que déjà elle nous donne le pressentiment
confus du soulagement qui va la suivre....

Et, en effet, le moment arrive où la vie
triomphe; l'Expansion se montre; tout le
corps transpire; les larmes coulent; les
idées se calment; tout se dégage; l'Être
tout entier se sent comme dans une atmosphère de plaisir et de fraîcheur.

Il est aisé de voir maintenant pourquoi

cette oppression confuse que je viens de décrire devient chaque jour plus rare, et pourquoi, au contraire, elle était si commune, il y a un demi-siècle, parmi les hommes, les femmes, les jeunes gens des hautes classes, et encore plus, des classes moyennes de la société; celles-ci étaient plus sédentaires, plus studieuses que les premières; les unes et les autres avaient profité des immenses progrès de la civilisation et de l'industrie; ces immenses progrès avaient amené, dans le régime des personnes bien élevées, des changemens singulièrement favorables à l'excitation et à l'énergie de l'action vitale; en même temps, la prospérité publique, et la stabilité du Gouvernement, qui semblaient inébranlables, répandaient, dans les classes élevées et dans les classes moyennes, la sécurité d'esprit et le loisir; en même temps encore, malgré le progrès des idées, les anciennes mœurs, les anciennes institutions, qui persistent toujours plus long-temps que les opinions, même dans les classes élevées, maintenaient, par un reste d'habitude, le recueillement dans bien des familles, imposaient à bien des femmes, à bien des jeunes gens, la loi du silence et de la retraite. C'était le temps où la grande crise s'avançait; la France pouvait être représentée par une Femme vive, spirituelle, sensible, passionnée, mais fière et timide, qui désire avec ardeur ce qu'elle n'ose demander.

Dans de telles dispositions, un Peuple n'est séparé que par quelques instans des mouvemens les plus prononcés, les plus éclatans, mais les moins sages.

Réservons pour la partie politique de cet ouvrage le développement de cette pensée; ne nous occupons encore que des conseils donnés à l'individu par la sagesse.

L'inquiétude mélancolique peut sans doute s'exhaler en sentimens tendres, honorables, ou recevoir, de travaux profonds, une diversion salutaire. Les ouvrages de J. J. Rousseau et de Madame de Staël le démontrent. Mais tous les hommes très-animés, et toutes les femmes très-sensibles, ne sont pas destinés à écrire. D'ailleurs, dans la vie même de ces deux grands Ecrivains, J. J. Rousseau et Madame de Staël, que d'erreurs, que de passions, que de souffrances! la vieillesse de l'un a été si malheureuse! Madame de Staël n'a pu même atteindre la vieillesse!.... Quelle compensation de tant de succès, de tant d'ivresse, de tant de gloire! que de bouleversemens ont précipité sa mort!

Et madame Cottin, qui a succombé plus jeune encore!.... je dois me taire! nous sommes trop près du temps où j'ai eu l'honneur et le bonheur de la connaître.

Définissons la Sagesse. C'est la conformité de nos intentions et de nos désirs au vœu général de la Nature. Or, le vœu général de la Nature, c'est l'Equilibre doux et paisible, l'Equilibre par ondulations. Ainsi la Sagesse a pour emploi, non de tenir habituellement notre âme dans cette concentration qui l'expose aux éclats, aux besoins, aux secousses d'une violente énergie, mais dans cette variété innocente, qui prévient la trop grande saillie de tous ses mouvemens. La Sagesse a pour motif, dans notre sort, la distribution paisible des plaisirs et des peines;

c'est elle qui, écoutée de nous, pendant nos jeunes ans, protège notre vieillesse; c'est par elle que nous conservons, dans la succession des jours qui composent notre vie, l'ordre soutenu qui doit faire avec douceur le balancement de leur ensemble.

Il ne nous est que trop possible, pendant notre jeunesse, d'user des dons de la vie jusques au point de renverser, pour ainsi dire, le vase de notre sensibilité, c'est-à-dire de troubler, de bouleverser l'économie générale de nos organes; alors, vers l'entrée de l'âge mûr, nous devenons tristes, mornes, moroses; et comme nous n'avons pas perdu le souvenir de notre ancienne capacité de jouissances, nous passons le reste de nos jours poursuivis par des regrets humilians et stériles; nous sommes profondément malheureux.

La modération, même dans la variété, est ainsi la première recommandation de la Sagesse; s'écarter de la modération, soit en retraite, soit en dissipation, soit en privations, soit en jouissances, c'est rompre l'Équilibre de la vie, ou du moins c'est vouloir qu'elle passe alternativement par l'accablement le plus sombre et par les plus violens orages; c'est vouloir l'Equilibre par contrastes et par secousses, au lieu de l'Equilibre par ondulations.

Et nous devons placer ici une observation importante. Ce n'est que dans l'état d'action modérée que les désirs de l'un quelconque de nos organes nous désignent les choses qui doivent nous être essentiellement salutaires. Dans l'état de torpeur, comme dans l'état d'action outrée, notre estomac, par exemple, ressent des appétits analogues à ses dispositions actuelles; et il ne faudrait point saisir de telles circonstances pour donner fixément le titre de bonnes et de salutaires aux choses qu'alors nous désirons.

Il en est de même de nos goûts intellectuels. Les meilleurs, généralement considérés, sont ceux que nous éprouvons lorsque notre âme et tout notre Être sont dans l'état d'action modérée; ces goûts nous indiquent des objets utiles à nous-mêmes et à nos semblables; mais de tels goûts s'éloignent de notre âme lorsqu'elle est dans l'apathie ou dans l'agitation extrême; nous désirons alors les objets et les situations qui ont de l'ana-

logie avec notre état particulier; et la satisfaction de ce genre de désirs n'entraînerait
point notre bonheur durable, parce qu'un
tel état ne peut durer.

Au reste, la Sagesse ne nous demande
pas de nous maintenir forcément, et avec
travail, sur la ligne précise d'une modération exacte; il résulterait de cette continuité, si nous pouvions nous l'imposer, une
monotonie qui n'est point dans les vœux de la
Nature, qui, par conséquent, ne nous donnerait pas le bonheur; il est bon que notre
âme oscille dans une alternative qui lui fasse
connaître les divers mouvemens, afin même
qu'elle apprécie les charmes de la situation
la plus douce qu'elle puisse connaître. Nous
nous sentons également dans cette situation,
dans ce bien-être du corps et de l'âme, soit
lorsque nous passons de l'accablement à la
vivacité ardente, soit lorsque nous revenons
de celle-ci vers l'accablement. Sur l'une et
l'autre route, nous trouvons le milieu entre
les extrêmes, ou l'état d'Équilibre et de
modération; et nous sommes heureux pendant sa durée; nous le goûterions moins s'il
était inaltérable et permanent.

Mais il est bon de ne jamais trop nous en éloigner, pour cela de nous livrer habituellement à ces sentimens tendres et simples, qui ne nous laissent point toujours dans le calme, mais qui ne s'élèvent point non plus jusques à l'agitation. Tels sont les sentimens que produisent en nous le commerce de l'amitié, celui des enfans, celui de la Nature, et quelques arts, tels que la Musique, dont le pouvoir résulte d'un ordre facile et vague de sensations et de mouvemens.

Et, dans nos sensations d'un genre quelconque, tout sert d'image à ces vicissitudes de l'âme que nous venons de décrire. Ainsi, en allant du repos à la fatigue, et en revenant de la fatigue au repos, notre corps rencontre le mouvement modéré, l'Équilibre, le bien-être. De même, en parcourant successivement tous les degrés qui nous conduisent du froid rigoureux de l'hiver aux chaleurs brûlantes de l'été, nous rencontrons le printemps et l'automne, les deux saisons du plaisir, du travail et de l'amour. Nous recevrions moins de bonheur sous un climat dont la température serait toujours celle du printemps ou de l'automne.

CHAPITRE XVII.

Une objection, ou plutôt une pensée qui se présente naturellement est celle-ci :

Il nous est bien inutile de chercher à améliorer notre sort, puisque tous nos efforts ne peuvent faire que, dans la vie, nous ayons plus de plaisirs que de peines ; la sagesse même ne nous invite-t-elle pas à nous endormir, comme les Turcs, dans l'abandon aux décrets qui règlent nos destinées ?

Non, l'indolence des Turcs, leur soumission stupide à une fatalité sur laquelle ils ne veulent exercer aucune influence, n'est rien moins que la sagesse. C'est de notre action même que notre destinée se compose en grande partie. La faculté de discerner ce qu'il y a de plus convenable pour nous dans les choses qui se présentent, est nécessairement liée à la faculté de saisir à notre profit les choses que nous préférons ; et nous sommes pressés, par une invitation très-natu-

relle, d'exercer cette préférence ; à moins
d'être insensés , nous cédons à une telle invitation. Si nous étions insensés , nous ne
saurions, ni apercevoir ce qui nous serait le
plus convenable, ni discerner les moyens de
le saisir.

Ajoutons maintenant une considération
très-simple. A mesure que nous avançons
en âge , notre caractère change, et notre
tempérament s'affaiblit. Le changement de
notre caractère et de nos idées nous donne
le besoin d'un changement dans notre situation ; car la Nature exige que nous soyons
toujours en harmonie avec nous-mêmes ; et
il nous serait impossible de ne pas concourir
à l'exécution de cette loi. De plus , la diminution progressive de nos forces nous entraîne à désirer qu'un plus grand nombre
de biens soient à notre portée ; car il nous
faut plus d'objets de jouissances , à mesure
que nous devenons moins en état de goûter
les jouissances qui émanent de chaque objet.
Ainsi, c'est même pour que les compensations existent dans notre destinée, qu'il nous
est convenable d'agir de manière à améliorer notre situation.

Sans doute nous tombons quelquefois dans le découragement; mais ce n'est alors qu'un besoin de repos qui nous presse; nous sommes fatigués, et des maux que nous avons éprouvés, et de la vanité des désirs que nous avons formés, et de l'inutilité des espérances que nous avons poursuivies; nous nous faisons à nous-mêmes une nouvelle illusion en croyant que nous allons renoncer au bonheur, au désir, à l'existence; bientôt nos facultés se raniment, et nous recommençons à agir de notre mieux en faveur de notre sort.

L'état de nos idées étant toujours conforme à l'état général de notre Être, elles ne sont donc abattues, que tant que l'ensemble de notre Être est lui-même abattu; alors, nous exciter au mouvement est, de leur part, un acte impossible. Pour la même raison, lorsque notre Être se relève, nos idées rentrent en état d'activité; et alors comment tendraient-elles à réprimer notre action?

En général, nous ne pouvons pas vouloir souffrir; et pour peu qu'il y ait en nous de puissance vitale, l'indifférence à notre sort serait une oppression de cette puissance; elle serait en contradiction absolue avec la nature essentielle de notre Être; nous ne pouvons y rester un instant. Les Turcs n'y restent pas. L'indifférence est leur dogme; mais ils sont loin de l'observer. S'ils tombent plus fréquemment que les Européens dans l'apathie, c'est que la chaleur de leur climat, et l'excès des jouissances qu'ils se permettent, épuisent souvent tout leur courage.

Le Principe des Compensations, lorsqu'il devient, en nous, une Pensée acquise, établie, démontrée, ne peut donc point arrêter, de notre part, la tendance plus ou moins vive à l'amélioration de notre destinée; mais il lui appartient essentiellement de prévenir dans notre âme, et l'excès de vivacité dans les désirs qui ont pour objet de nous conduire à un sort plus avantageux, et l'excès de regret, d'abattement, lorsque nos espérances sont trompées. Dans le premier cas, nous nous disons, tout en poursuivant les biens de la vie, que les plus grands biens exposent nécessairement aux plus grandes peines. Cette pensée nous modère sans nous arrêter ; elle ne nous arrête point, parce que c'est l'intérêt présent qui nous détermine, et que, dans la concurrence entre l'intérêt présent et l'intérêt à venir, il est naturel que le premier ait l'avantage. Si nous tombons dans le malheur, nous nous disons : que tout malheur est, sinon une punition, au moins une justice, une compensation du passé ; et que cette peine qui nous presse aura, à son tour, dans notre avenir, pour balancement nécessaire, un bien réel, ou du moins un affaiblissement réel des peines que nous ne pourrons éviter.

Les hommes qui, vers les dernières périodes de la vie, ou seulement vers la maturité de l'âge, se montrent les plus mécontens de leur existence, sont ceux qui, pendant leur jeunesse, s'étaient formé de la vie les plus douces images ; ils avaient espéré du temps ce que le temps ne pouvait réaliser. Le Principe des Compensations prévient dans notre âme de tels mécomptes ; sans nous instruire d'avance des plaisirs et des peines qui nous attendent, il nous avertit de leur balancement réciproque. Mais voici l'un de ses

plus grands avantages : tandis que la modération à laquelle il nous invite, conserve
en nous la faculté de jouir, elle nous laisse
en disposition d'être satisfaits des jouissances d'autrui. Généralement, les hommes
improbateurs, moroses, rigoureux dans leurs
jugemens, injustes, impitoyables, sans indulgence, sont des hommes réduits, par
l'abus d'eux-mêmes et de leur destinée,
à l'impuissance des divers genres de plaisirs. Tant que l'on peut être heureux d'une
manière quelconque, on ne porte envie
au bonheur de personne.

Aussi, la bonté, la générosité, l'indulgence, sont, dans la vieillesse, les signes
certains d'une vie honorablement et sagement employée. Et comme il est naturel
que les hommes sages ne forment pas le
grand nombre, il est également naturel
que la plupart des vieillards, hommes et
femmes, aient de l'humeur, ou même un
dépit secret contre les jeunes gens qu'ils
voient doués de la faculté d'atteindre à
tous les plaisirs des sens, tandis qu'eux-
mêmes cèdent forcément à l'obligation d'y
renoncer; c'est ce qui les porte à établir,

tant qu'ils peuvent, l'opinion que ces plaisirs sont coupables, afin de les interdire
le plus possible aux jeunes gens.

De ce penchant secret est née, chez
bien des peuples, la rigueur des institutions répressives; car les hommes âgés
ne peuvent manquer d'avoir, par leur position et leurs avantages de fortune, la
principale influence dans la création de
toutes les institutions.

Et d'ailleurs, sous les rapports les plus
importans, cette influence doit leur appartenir : il serait contre toute prudence
qu'elle fût exercée par les jeunes gens ;
je dis seulement que la sévérité des lois
imposées à la jeunesse, sévérité quelquefois outrée, surtout chez les peuples nais-
sans, procède, en plus ou moins grande
partie, de l'humeur naturelle à la vieillesse, et entre, avec justice, dans le balancement des avantages que la Nature
prodigue aux jeunes gens.

CHAPITRE XVIII.

L'objection que j'ai exposée, en commençant le chapitre précédent, en appelle une semblable qui mérite également d'être examinée.

Notre sort dépend, en grande partie, du caractère des personnes avec lesquelles nous avons des relations intimes ou du moins soutenues; c'est ce que chacun de nous éprouve; il nous est donc très-naturel de désirer que ces personnes aient les qualités les plus douces, les plus aimables, les plus estimables. Si le Principe des Compensations est vrai, ce désir est une inconséquence, ainsi que l'affection que nous portons aux personnes qui nous conviennent, ainsi que le zèle que nous mettons à nous délivrer, ou à nous éloigner, des personnes incommodes, vicieuses, méchantes, méprisables, criminelles. Sous l'influence des unes et des autres, notre sort personnel ne peut que rester en équilibre.

Je répondrai, en premier lieu, que nos défauts sont, pour ainsi dire, une des deux faces de nous-mêmes ; ils se compensent directement avec nos qualités avantageuses, dont ils sont la réaction essentielle. Ce Principe est important à retenir, parce qu'il nous rend justes à l'égard de nos semblables, et parce que, ayant besoin nous-mêmes de l'indulgence des personnes avec lesquelles nous sommes en relations soutenues, nous nous faisons, à leur égard, un devoir de l'indulgence ; il en est d'elles comme de nous ; les défauts que nous trouvons dans leur caractère, et dont nous souffrons, sont la compensation directe des qualités qui leur appartiennent, et dont nous tirons avantage ; sous ce rapport, la plupart des personnes qui sont liées à notre existence, sont réellement égales dans leur influence sur notre sort.

Mais distinguons les défauts des vices ; ceux-ci, produits de la dépravation même des défauts, sont un tort, parce que la

volonté n'est pas sans action à leur égard,
au lieu que les défauts sont affranchis de
son empire. Un homme violent et em-
porté ne peut pas se rendre indolent, de
même qu'il ne peut s'empêcher d'être susceptible de générosité, de courage, de
dévouement, d'enthousiasme, par cela
même qu'il est susceptible d'emportement
et de violence; mais un homme peut
s'empêcher de mentir, de voler, de ca-
lomnier; il aurait pu s'empêcher de laisser dégénérer en habitudes criminelles ses
défauts naturels; et, à tout âge, dans
toute situation, l'homme vicieux peut vaincre ses fatales habitudes; s'il ne le fait
pas, l'influence qu'il exerce sur notre sort
devient réellement si funeste, que nous
agissons au gré d'une réaction naturelle
et juste, en l'éloignant de nous; et la société nous seconde, puisqu'elle flétrit
l'homme vicieux, qu'elle punit l'homme
coupable, qu'elle prive même de sa liberté ou de sa vie l'homme criminel.

Cependant, il faut en convenir, entre
les personnes que leur destinée rapproche
ou réunit d'une manière fixe, soutenue,

ou même indissoluble, il est quelquefois
certaines oppositions de caractère qui, de
part et d'autre, font le malheur, d'autant plus que, par l'effet même de la permanence dans les relations, ces oppositions dégénèrent en incompatibilité.

Mais c'est encore ce qui, de part et
d'autre, peut être adouci par l'indulgence
que le Principe des Compensations imprime au caractère. De plus, l'un des
effets de cette contrariété soutenue, et
réellement cruelle, est, pour celui qui
l'éprouve, de le pénétrer d'une affection
plus tendre, d'une confiance plus profonde,
pour les personnes avec lesquelles il a une
sympathie naturelle d'opinions et de qualités ; et de celles-là, quelle que soit la situation, on en trouve toujours à sa portée. Dès
notre enfance, nous aimons nos amis en
raison de nos chagrins domestiques ; nous
aimons notre famille en raison des chagrins
que nous recevons de nos associés ou de nos
supérieurs.

Au reste, à mesure que, dans un Etat,
la civilisation fait des progrès, les antipa-
thies de caractère deviennent plus rares,

et celles qui persistent diminuent d'âpreté
et de violence, parce que les relations de
chaque individu s'étendent, se multiplient;
les situations ont moins de fixité; tous les
sentimens, doux ou pénibles, s'affaiblissent;
les vertus sont moins fortes; les défauts s'effacent; la légèreté, la mobilité, la grâce,....
et à la fin l'indifférence, remplacent graduel-
lement la passion, l'opiniâtreté, l'acharne-
ment, la profondeur.

C'est ainsi généralement que se balancent
les périodes successives de chaque peuple.

CHAPITRE XIX.

Voici encore une objection spécieuse.

On distingue communément les divers caractères par des dénominations trop généralement reçues pour être sans exactitude. Cependant, si ces dénominations sont justes, elles semblent attester que la Nature ne traite pas également tous les hommes. Nous disons avec complaisance, avec affection : un tel homme, une telle femme sont heureusement nés ; ils sont d'un heureux caractère ; leur commerce est aimable, paisible, plein de douceur.

Il est, au contraire, des hommes, des femmes, qui nous irritent par leurs défauts. Lorsque nous n'écoutons, à leur égard, que l'indulgence, nous les plaignons du moins de vivre sans cesse dans l'amertume, de rebuter tout ce qui les approche, de ne savoir point se faire aimer. Nous disons avec une pitié mêlée de répugnance : un

tel homme, une telle femme, sont mal-
heureusement nés ; ils ont un malheureux
caractère. Cependant ceux-ci n'ont pas plus
de tort que les premiers n'ont de mérite ;
pourquoi les premiers sont-ils heureux, et
les autres malheureux ?

Je répondrai d'abord par une observation
générale : dans tout ce qui tient à nos relations avec nos semblables, chacun de nous
est naturellement le terme de ses propres
jugemens. En nous occupant des autres
hommes, de leurs qualités, de leurs actions,
nous donnons le titre de bonnes, d'avantageuses, d'heureuses, à celles qui ont, pour
résultat, notre plaisir, notre satisfaction ,
notre avantage. Celles, au contraire , qui
nous causent du dommage , du déplaisir, de
la souffrance, reçoivent de nous les titres
de qualités importunes, fâcheuses , désa-
gréables ; notre inclination habituelle, légitime même , est de juger nos semblables par
les effets qu'ils produisent sur nous.

Mais ces jugemens de l'inclination et de
l'habitude, ces jugemens fondés sur notre
intérêt personnel, sont, dans nos momens
de force d'âme, soumis aux représentations

de notre raison. Celle-ci a pour noble fonc-
tion de nous porter à concevoir des pensées
auxquelles le désintéressement préside ; c'est
alors seulement que discutant avec attention
l'intérêt d'autrui , sans égard pour ce qui
nous touche personnellement, nous sommes
en état de découvrir la vérité.

Ainsi , après avoir admiré, dans les âmes
généreuses, les divers actes de dévouement
dont elles se montrent capables, après avoir
blâmé, méprisé, dans les âmes froides, la
sécheresse, la lâcheté, l'égoïsme, qui les
portent à éviter toute participation aux peines
d'autrui , nous écoutons la réflexion ; nous
reconnaissons alors que l'homme qui se dé-
voue , soit par amour, soit par honneur, soit
par patriotisme, ne fait une belle action que
parce qu'il fait un grand sacrifice ; pour
l'intérêt d'un ou plusieurs de ses semblables, il appelle son propre malheur ; l'é-
goïste qui ne veille que sur sa propre destinée, ne l'expose, de plein gré, à aucun
dommage ; le premier, pour obtenir la noble
rétribution de notre reconnaissance, de
notre estime, se condamne volontairement
à la souffrance ; l'égoïste fuit la souffrance ,

et, dans sa fuite, il est suivi de notre haine ou de nos mépris. Celui-ci reste ce qu'il est, un Être d'une valeur peu élevée, inaccessible aux plaisirs exaltés et aux peines qui en dépendent; l'homme généreux conserve aussi la valeur éminente qu'il a reçue de la Nature; ses jouissances et ses peines sont fortes, mais elles sont d'un ordre supérieur. Ainsi le sort de l'un et celui de l'autre se maintiennent, chacun, dans leur équilibre personnel.

Comme l'organisation de la nature humaine est d'une très-grande complication, les caractères sont d'une variété qui semble infinie; les diverses qualités se combinent, se modifient les unes par les autres selon des proportions qu'il est impossible d'assigner; il en résulte, dans l'échelle générale des caractères, une gradation par nuances insensibles, qui, cependant, ne se confondent pas, car on ne rencontre jamais deux caractères d'une ressemblance exacte; mais ces nuances s'insèrent les unes dans les autres, de manière à entre-mêler confusément les analogies et les différences; en sorte que, de toutes les classification que l'esprit de l'homme peut essayer, celle des caractères est la plus difficile, et reste toujours la plus indéterminée.

Ainsi, quoique l'on puisse établir trois divisions générales, celle des caractères très-animés, celle des caractères d'une vivacité modérée, et celle des caractères indolens, on voit cependant que, dans tel homme, la vivacité est accompagnée de mobilité, tandis que, dans tel autre, elle s'unit à la fermeté et à la constance; il en est qui se plaisent à tous les genres de mouvemens et d'occupations, d'autres dont le corps est inerte, mais dont l'esprit s'occupe, d'autres, au contraire, dont le corps s'agite, tandis que leur esprit reste habituellement en repos. Bien des hommes sont timides, confians, sans exigence, du commerce le plus facile; ils négligent leurs intérêts, ne savent point arranger leur existence, la laissent tomber dans l'indigence et l'obscurité. On peut leur opposer les hommes impétueux, violemment avides de tous les genres d'avantages, et, en attendant le succès, jouissant avec vivacité de leurs propres désirs, mais rencontrant à chaque pas les résistances que leur impétuosité élève, et se heurtant contre elles avec irritation. Ceux-ci, par la véhémence de leurs mouvemens, poussent aussi quelquefois leur existence vers les embarras et le désordre; il en est cependant, parmi eux, qui sachant se roidir, et contre les obstacles, et contre eux-mêmes, arrivent au terme qu'ils ambitionnent; à ce terme, écoutez-les, regardez-les; leur physionomie, leur accent, peignent-ils toujours le bonheur? non sans doute; mais, pendant leur route ascendante, ils ont eu bien des jouissances; tant d'action! tant d'espoir! des adversaires abattus; des rivalités écartées, des résistances devenant des secours, quelquefois aussi des auxiliaires changeant de rôle, et élevant de fortes résistances; en un mot, existence éclatante, enviée, dramatique, où l'intérêt croît sans cesse!.... mais l'intérêt finit au dénouement.

Que chacun réfléchisse sur lui-même, et sur les hommes qu'il a pu observer avec attention, il ajoutera bien des développemens aux pensées que j'indique; il recon-

naîtra que tous les caractères se composent
de dispositions, ou qualités, opposées dans
leur emploi, et qui toujours se font équilibre. En dernier résultat, notre caractère
n'est évidemment que le témoignage exté-
rieur de notre organisation ou de notre sensibilité. Celle-ci s'exerce, en chacun de
nous, par les sensations et les sentimens,
c'est-à-dire, par les mouvemens d'instinct
et par les mouvemens d'idées. Les sensations qui accompagnent chacun de nos mouvemens d'instinct sont, comme nous l'avons
dit, agréables ou douloureuses, selon que,
pendant leur durée, notre corps se forme
ou se détruit; et, sous ce rapport, notre
sensibilité est manifestement en équilibre
avec elle-même, en comprenant l'ensemble
de la vie.

Il est maintenant aisé de voir que l'ensemble de nos sentimens, pendant le cours
de notre vie, doit également se composer
de deux sommes correspondantes, formées,
l'une, des sentimens qui nous causent de la
souffrance, l'autre, des sentimens qu'il nous
est doux d'éprouver. Dans celle-ci, nous
comprendrons l'amour, l'amitié, la recon-

naissance, l'estime, la générosité, la pitié, le désir, l'espérance. Les sentimens ou affections pénibles sont la haine, l'indignation, la colère, la jalousie, le mépris, la honte, la crainte, le remords, le regret.

Pendant toute la durée des affections du premier ordre, nos idées se composent avec avantage, et l'impulsion générale de cette composition établit, dans l'ensemble du système organique, un mouvement salutaire, un mouvement d'extension, de formation, dont nous rendons compte à notre imagination sous le nom de bien-être ou de bonheur.

Au contraire, pendant toute la durée des affections pénibles, les idées agréables, que déjà nous possédons, que nous avions acquises avec plaisir, que nous conservions avec attachement, avec douceur, se heurtent, s'agitent, se décomposent, et associent l'ensemble de notre système organique à leur état de souffrance, d'agitation, de décomposition.

Ainsi, l'homme qui aime avec le plus de profondeur, qui connaît avec le plus de vivacité, le plus de volupté, tous les senti-

mens tendres et honorables, est nécessairement celui qui est le plus exposé aux
affections déchirantes, ou aux sentimens
pénibles ; c'est celui qui, au terme de sa
vie, aura connu le plus fréquemment, le
plus vivement, la haine, l'indignation, la
colère, la honte, la crainte, et surtout le
regret, l'affliction.... la désolation !

....Qu'il me soit permis ici d'user d'un
droit bien douloureux ! si, parmi mes lecteurs, il se trouve un homme, une femme
profondément sensible, qui aient perdu un
objet d'amour, ils diront avec moi, avec
la compagne de ma vie : cet objet d'amour,
cet enfant, est devenu une cause de tristesse proportionnelle au bonheur qu'il avait
donné ; on le regrette, on le pleure, en
raison des jouissances de tendresse, et
d'amour-propre, que déjà on avait reçues,
et aussi en raison des jouissances que l'on
attendait ; car c'est, en même-temps, l'idée
d'un heureux avenir qui se détruit ; on se
dit malheureux ; et on l'est vivement ; le
passé n'est plus ; le présent est cruel ; l'a-
venir sera flétri. Mais le passé fut un temps
de la vie, une portion de la vie ; heureuse

ou malheureuse, il faut qu'elle soit balancée avant la mort, ou par la mort ! ah,
pour celui qui a perdu un objet d'amour,
il en coûte bien moins de mourir.

(151)

ou malheureuse, il faut qu'elle soit balancée avant la mort, ou par la mort ! ah,
pour celui qui a perdu un objet d'amour,
il en coûte bien moins de mourir.

CHAPITRE XX.

Bien des personnes, également frappées, et des grandes vraisemblances qui appuient le Principe des Compensations, et des nombreuses exceptions qui semblent le combattre, sont portées à reconnaître que le balancement existe entre les diverses masses sociales, mais non entre les individus.

Que peut-on entendre par des masses sociales? comment pourrait-on concevoir des compensations entre elles; comment pourraient-elles s'établir? chaque société humaine, chaque Nation, considérée dans son ensemble, est nécessairement en Equilibre avec elle-même; sans cela, elle ne pourrait se conserver. Mais où sont, dans chaque société humaine, les séparations, les démarcations fixes et tranchées, qui donneraient de la possibilité à un balancement mutuel? Tous les hommes se mêlent; tous les états se confondent; entre les différentes classes, il y a des rapports nécessaires, qui les font exister les unes par les autres, qui, pour cette raison, tendent sans cesse à produire leur infusion mutuelle.

C'est ainsi que dans l'atmosphère qui, par son ensemble, est toujours en équilibre, chaque molécule d'air est constamment en oscillation entre tous les mouvemens opposés qui alternativement la sollicitent. S'il en était autrement, si certaines molécules restaient dans une situation fixe, si les diverses impulsions qui sont adressées à chacune, ne se balançaient pas rigoureusement les unes par les autres, l'Equilibre de l'ensemble serait impossible.

Nous aurons plus d'une fois l'occasion de le reconnaître : les questions générales peuvent être résolues par des images prises dans une partie quelconque de l'ordre général, parce que dans l'ordre général il y a nécessairement simplicité absolue, ou, ce qui est la même chose, parfaite unité.

Les Anciens, dont le sens était si judicieux, représentaient la Fortune faisant tourner sans cesse la roue des richesses et de l'indigence. Cette allégorie était ingénieuse, elle peignait la circulation constante des biens et des honneurs ; mais elle était incomplète ; ce que nous appelons les biens et les honneurs ne composent pas seuls les destinées des hommes. D'ailleurs, la circulation des richesses, tantôt lente, tantôt précipitée, est toujours vague dans son mouvement et sa mesure ; elle ne peut fournir aucune base précise de comparaison.

Une balance est, pour ainsi dire, une comparaison en exercice et en évidence : aussi les Anciens mettaient une balance dans les mains de la Justice.

Mais, pour pouvoir comparer entre eux les deux bassins d'une balance, il faut que ces deux bassins restent chargés de choses qui ne changent pas. On ne peut mettre en Equilibre que des conditions invariables, et qui soient communes à tous les hommes. Il n'est, dans le sort des hommes, que trois conditions générales et invariables : c'est, pour chaque individu, la faculté de jouir en se formant, celle de souffrir en se détruisant, et la nécessité de se détruire. Tout ce que fait la roue de fortune à l'égard de chaque individu, c'est de jeter plus ou

moins de biens et d'avantages sur, la route
de sa vie ; et ces biens, ces avantages,
lorsqu'il les saisit, le forment et l'élèvent ;
mais il faut redescendre, et en redescen-
dant, il faut souffrir. Pour celui qui était
parvenu à se placer sur le sommet d'un
mont très-exhaussé, la chute est longue ;
elle est douce et facile pour celui qui n'était
monté que sur une humble colline. Il est
deux instans qui se correspondent dans l'existence de tous les hommes ; la naissance et
la mort sont partout de niveau ; et le point
où chacun s'élève est à une distance égale
de la mort et de la naissance.

CHAPITRE XXI.

On a encore présenté, mais dans un autre sens, les Compensations par masses sociales comme devant être substituées aux Compensations entre les individus. D'après les grands événemens de l'histoire, on a cru pouvoir mettre en correspondance des générations entières, les unes paraissant favorisées de tous les avantages, les autres paraissant accablées de tous les maux. On a fait contraster, par exemple, le sort des Français avant la Révolution avec celui des Français pendant les temps affreux de cette Révolution terrible; on a également rappelé le sort des Américains avant l'invasion des Espagnols, et on l'a opposé aux infortunes que les Espagnols versèrent sur ces peuples.

De tels rapprochemens semblent en effet démontrer que le bonheur et le malheur ont alternativement leur règne sur l'espèce humaine, et que, pour emprunter le langage des anciens, Arimane pèse sur certains hommes, sur certaines générations, sur certains peuples, tandis qu'Oromaze protège exclusivement certains hommes, certains peuples, certaines générations.

L'erreur de nos jugemens à cet égard provient de ce que nous sommes portés à ne faire attention qu'à ce qui éclate, à ne nous souvenir que de ce qui produit un effet saillant et dramatique, tandis que nous ne remarquons point ce qui est commun, ordinaire et soutenu. Mais l'homme judicieux et impartial qui évite de s'abuser sur les choses importantes, et qui désire donner à chacune sa mesure, revient sur les circonstances, nécessairement funestes, qui ont précédé les grandes catastrophes; ne pouvant considérer celles-ci que comme des effets, il se rappelle, pour guider ses jugemens, que la nature des effets indique toujours celle des causes, et qu'il y a toujours égalité nécessaire entre les causes et leurs effets.

Une grande révolution arrive dans un État, lorsque de toutes parts l'Équilibre est rompu, et que, par conséquent, toutes les

parties de la société sont en désordre, en
lutte et en souffrance. Par l'effet inévitable
des progrès de la civilisation, et du dépla-
cement dans toutes les choses, il n'y a plus
d'accord entre les institutions publiques et
les idées générales ; celles-ci excitent sans
cesse, dans l'âme de chaque individu, des
réclamations, des désirs, des besoins, que
les institutions compriment. Ces institutions,
nées dans les temps simples, étaient convenables aux hommes contemporains de leur
naissance ; elles sont devenues abusives, ty-
ranniques, odieuses, parce qu'elles ont trans-
porté tous les priviléges de la société sur
un petit nombre d'hommes qui mettent leur
honneur à les conserver, quoique par habitude, par satiété, par changement d'inclinations et d'idées, ils en aient perdu la jouissance.

Le moment vient où le tumulte, quoique
étouffé, est à son comble, et où il est d'autant plus menaçant qu'il est plus étouffé.
Tout l'État s'agite, se consume ; chacun se
plaint ; chacun blâme, s'irrite, et plutôt
que de rester sous le poids d'un désordre
confus, invoque des catastrophes.

Ainsi, (et j'aime à rappeler cette image, parce qu'elle est vraie et frappante), ainsi, lorsqu'un orage se forme dans l'atmosphère, tous les Êtres animés souffrent, s'inquiètent ; les plus sensibles sont les plus accablés; toute la Nature est dans le malheur; l'homme, même le plus sage, appelle de ses vœux le terme de la crise, et cependant, de ce terme il n'attend que des ravages et des dangers.

La foudre tombe; l'orage passe; le calme revient, l'Équilibre est rétabli ; on n'appelle plus l'orage ; mais ce n'est pas parce que l'on a conservé l'effroi et le souvenir des maux qu'il vient de produire ; c'est parce que les élémens, dans l'atmosphère, ont repris leur place, et que le désordre n'existe plus. Dans peu de jours, il recommencera peut-être ; il ramènera les mêmes souffrances et les mêmes désirs.

Ne cherchons point en ce moment si l'orage qui a éclaté sur notre patrie est épuisé, ou s'il recommence ; cette question se présentera de nouveau à notre pensée ; rappelons seulement, pour nous renfermer dans notre sujet, qu'une grande Révolution n'est qu'un tumulte violent, et qu'il n'appartient à aucun homme, à aucune classe particulière, à aucune puissance isolée, de provoquer un tel tumulte. Tous les Français, je le répète, ont appelé la Révolution ; tous, même les plus fortunés en apparence, l'ont désirée ; semblables à des points plus élevés sur le globe, ils ont attiré la foudre plus fortement que les autres ; elle les a plus fortement frappés.

Au reste, en parcourant, dans la seconde Partie de cet ouvrage, les diverses périodes qui ont successivement préparé l'explosion de la Révolution Française, en empruntant, pour les juger, les témoignages d'illustres contemporains, nous fixerons nos idées sur le sort des générations qui ont précédé la génération actuelle ; n'écoutant alors que l'impartialité et la raison, nous rendrons leur poids à bien des douleurs, à bien des peines, que nous ne connaissons plus ; le progrès des choses les a dissipées..... ainsi que les biens et les jouissances dont elles étaient le balancement.

CHAPITRE XXII.

Rappelons maintenant une objection que j'indiquais dans le chapitre précédent.

Il est des temps , dans la vie d'une nation , où de grandes calamités frappent à la fois un si grand nombre d'individus que l'Etat se dépeuple ; et quelquefois ces calamités sont si fortes, que le Peuple entier disparaît par degrés rapides.

On peut considérer comme étant de ce genre l'oppression que les Espagnols firent subir aux Indiens. Les anciens habitans de Saint-Domingue ne se retrouvent plus à la surface de cette île ; il en est de même des habitans de plusieurs autres régions.

Les dernières générations de ces peuples n'ont-elles pas été plus malheureuses que les premières ? celles-ci tendaient à s'acroître ; les dernières , pendant leur misérable existence, ne tendaient qu'à s'anéantir.

Voilà sans doute l'un des plus forts argu-

mens que l'on puisse opposer à la Doctrine
des Compensations générales, car l'un des
signes de bonheur et de prospérité, pour
un peuple comme pour un individu, est
l'inclination et le pouvoir de propager son
existence ; au contraire, le Peuple, ainsi
que l'homme, qui ne veulent point, ou qui
ne peuvent point se perpétuer, sont sans
doute très-malheureux.

C'est, en effet, une situation malheureuse pour un Peuple que celle où son existence se termine par l'influence de calamités
violentes ou d'une oppression à laquelle il ne
peut résister ; et l'on ne sauroit douter que,
dans les temps de prospérité publique, dans
les temps où la vie de l'Etat s'accroît, se
développe, se fortifie, il n'y ait généralement
une grande somme de biens répandue sur le
sort de chaque individu.

Mais, en considérant dans son ensemble
le sort de chaque individu, quel est l'effet
de cette plus grande somme de biens qu'il
reçoit de la prospérité publique ? est-ce de
le soustraire à la mort ? Non ! rien ne peut
en défendre. Cette prospérité publique, à
laquelle l'individu participe, éloigne sa mort,

en élevant sa vie , en perfectionnant son organisation , en lui donnant plus de sensibilité , plus de forces , en le faisant tenir à
son existence par un plus grand nombre de
liens et de rapports.

Le terme de la destruction est écarté , et
ses opérations sont rendues plus difficiles ;
mais , destinée à vaincre toutes les difficultés,
elle n'a donc que plus d'ouvrage à faire ,
plus de souffrance à imposer ; et l'augmentation de son emploi est exactement mesurée par la somme des biens que la prospérité a procurés.

Réciproquement , lorsqu'une Nation tombe , l'individu s'affaiblit dans le même rapport ; il a moins de désirs , moins de sensibilité , moins de force , moins de plaisirs
que n'en avaient ses ancêtres ; il a par
conséquent moins de regrets à former ,
moins de résistances à connaître , moins de
souffrances à subir. Les derniers individus
de cette nation expirante ressemblent aux
germes sauvages de l'espèce humaine. Les
habitans des régions très-maltraitées par la
Nature , les Samoïèdes , les Esquimaux ,
sont à peine des hommes. Transportés et

fixés à la surface de régions désertes, mais tempérées et fertiles, leur tempérament ne commencerait sans doute que par se prêter difficilement à un changement brusque et forcé dans son régime et ses habitudes; car ce n'est jamais aisément que l'on passe avec violence du médiocre au meilleur; mais, à l'aide de plus ou moins de temps, ils prendraient une extension d'existence mesurée par les avantages de leur situation nouvelle, extension d'existence qui porterait à chaque individu une somme égale de nouvelles peines et de nouveaux plaisirs.

C'est ainsi que, sans changer de sort, ils deviendraient la souche d'une Nation grande et brillante. C'est ainsi également que, sans changer de sort, les générations successives d'un Peuple autrefois brillant et redoutable, du Peuple Romain par exemple, sont devenues, par l'épuisement successif du territoire, des réunions d'hommes sans force et sans éclat.

Ce qui fait que de telles vérités nous étonnent, c'est que nous sommes portés à confondre la valeur d'un Être avec sa destinée;

ce sont deux choses très-différentes. La valeur d'un Être est proportionnelle à la grandeur et au nombre des effets qu'il peut produire, par conséquent à l'élévation de ses forces et de son intelligence. Sa destinée se compose des diverses acquisitions qu'il fait successivement en forces, en intelligence, en avantages, et de la perte, soit lente, soit rapide, de ces mêmes forces, de cette même intelligence, de ces mêmes biens ; cet accroissement et cette perte forment nécessairement deux sommes égales, en ne prenant que l'existence terrestre, puisque celle-ci est entièrement terminée par la mort. Et quant à la seconde existence, comme elle doit être accordée, non à la position qui n'est point un mérite, mais au mérite qui peut être également acquis dans toutes les positions, l'institution de cette récompense par la justice suprême ne saurait porter atteinte à l'institution, juste, suprême, universelle, des Compensations.

CHAPITRE XXIII.

Nous venons de reconnaître qu'il est, dans la durée de chaque peuple, des périodes de prospérité et des périodes d'adversité, de même qu'il est, dans la vie de chaque individu, des périodes plus particulièrement ornées de plaisir, et des périodes plus particulièrement chargées de souffrances.

Mais, soit pour les peuples, soit pour les individus, la distance entre leurs situations les plus opposées paraît, à nos yeux, bien plus considérable qu'elle ne l'est réellement, parce que, comme nous l'avons déjà observé, nos jugemens sur les biens et les maux ne se prononcent que lorsque les uns ou les autres ont une grande saillie ; nous négligeons d'apprécier, et les plaisirs modestes. et les peines obscures. Cependant, ces plaisirs et ces peines, par leur continuité ou leur fréquence, ont essentiellement la plus grande part à la production du bonheur et du malheur.

. Comme cette considération est importante, nous la présenterons de nouveau, dans le cours de cet ouvrage, en la justifiant par des exemples ; en ce moment, nous allons réfléchir sur celui que le sort des Américains nous fournit.

Lorsque l'on parle des malheurs que l'invasion des Espagnols versa sur le Nouveau Monde, on se montre persuadé que les habitans de ces vastes contrées étaient très-heureux avant cette invasion, et que, sans elle, ils auraient constamment goûté les charmes de l'état le plus paisible.

On se trompe ; l'erreur, presque générale à cet égard, est d'abord le fruit du penchant que je définissais tout-à-l'heure ; elle est de plus une exagération estimable causée par la pitié et l'indignation. Mais écoutons l'impartialité et la justice ; elles ont eu pour organe, dans l'histoire d'Amérique, un excellent Écrivain, plein de savoir, de sagacité, de zèle et de sagesse.

Robertson dit : (4ᵉ vol. page 50) « Les Mexicains, de même que les tribus sauvages

des environs, étaient continuellement en
guerre; et les motifs qui les portaient à prendre les armes paraissent avoir été les mêmes,
savoir, l'esprit de vengeance, et le désir de
répandre le sang de leurs ennemis; ils s'atta-
chaient surtout à faire des prisonniers, et
jugeaient de l'éclat de leur victoire par le
nombre qu'ils en avaient fait; il n'y avait
pour eux ni merci ni rançon; tous étaient
indistinctement sacrifiés, et leur chair ser-
vait de pâture à ces sauvages féroces. Ils se
portaient, dans quelques occasions, à des
excès plus atroces; leurs principaux guer-
riers se revêtaient de la peau des malheureuses victimes qu'ils avaient égorgées,
et dansaient dans les rues, exaltant leur valeur et la victoire qu'ils avaient remportée
sur leurs ennemis. On remarque dans leurs
institutions civiles des traces de cette disposition barbare que leur système militaire
leur inspirait; les quatre premiers Conseillers
de l'Empire étaient distingués par des noms
qui ne convenaient qu'à des gens sanguinai-
res; le premier s'appelait le Prince de la
lance mortelle, le second, le Pourfendeur
d'hommes, le troisième, le Verseur de

sang, le quatrième, le Seigneur de la maison noire. La férocité de caractère dominait chez toutes les nations de la nouvelle Espagne.

.....« Un nombre considérable de sujets, connus sous le nom de *mayaques*, tenaient chez les Mexicains le même rang que nos paysans du temps du système féodal, et étaient servilement attachés au sol qu'ils cultivaient. Ils ne pouvaient changer de résidence sans la permission de leurs Maîtres; ils passaient, avec les terres où ils étaient établis, d'un propriétaire à l'autre; ils étaient assujétis aux ouvrages les plus serviles. D'autres étaient réduits à l'état de sujétion le plus bas, je veux dire à la servitude domestique, et éprouvaient toute la rigueur de leur malheureux sort; on regardait leur condition comme très-vile, et l'on faisait si peu de cas de leur vie que celui qui tuait un de ses esclaves n'encourait aucun châtiment; ceux même qui passaient pour libres étaient regardés par leurs Maîtres hautains comme des Êtres d'une espèce inférieure. » (4e vol. page 21.)

......« La superstition avait déjà pris un

empire marqué sur les Peuples Américains qui avaient fait quelques progrès vers la civilisation : elle avait plié leur âme à une servitude prématurée ; et, dès le commencement de leur carrière politique, elle les avait soumis à un despotisme presqu'aussi rigoureux que celui qui opprime les Nations dans la dernière période de leur corruption et de leur décadence. » (2ᵉ vol. page 365.)

L'Empire du Mexique n'avait que trois cents ans d'existence lorsque les Espagnols y abordèrent. « Montézuma était le neuvième Monarque qui gouvernait le Mexique, non point par droit héréditaire, mais par élection. » (4ᵉ vol. page 12.) .... « Il méprisa les lois des Mexicains, viola leurs priviléges, et réduisit ses sujets, de quelque état qu'ils fussent, au même niveau que les esclaves. » (page 25) ...... « L'Empire était rempli de mécontens qui, lassés de leur sujétion, attendaient un changement favorable, prêts à se ranger sous les drapeaux de quiconque voudrait les protéger. » (3ᵉ vol. page 50.)

...... « Lorsque les habitans de Cholula voulaient entreprendre quelque action de guerre , ils faisaient un sacrifice de six enfans. » (3ᵉ vol. pag. 84.) Et ces habitans de Cholula, très-voisins de la capitale du Mexique, étaient toujours en révolte , ainsi que presque toutes les villes environnantes.

...... « Le Cacique de Zempoala dit à Cortez, les larmes aux yeux, que Montézuma était un Tyran hautain, cruel et soupçonneux, qui traitait ses sujets avec la dernière arrogance, qui, par ses exactions, ruinait les provinces conquises, qui leur enlevait par force leurs enfans et leurs filles, les premiers pour les sacrifier à ses Dieux, et les secondes pour servir de concubines à lui et à ses favoris. » (3ᵉ vol. pag. 52.)

...... « Les Espagnols acquirent tous les jours de nouveaux alliés , et Guatimozin eut le chagrin de voir Cortez armer contre son Empire les mêmes mains qui auraient dû le défendre, et s'avancer vers sa Capitale à la tête d'une armée nombreuse composée de ses sujets. » (page 190.)

..... « Cortez fut reçu , partout où il passa, comme un homme revêtu d'une puissance suffisante pour délivrer l'Empire de l'oppression sous laquelle il gémissait. Les Caciques et les Gouverneurs le regardèrent comme un Dieu, et lui exposèrent avec une entière confiance les griefs dont ils avaient à se plaindre sous le Gouvernement tyrannique de Montézuma. Lorsque Cortez aperçut ces semences de mécontentement dans les provinces reculées de l'Empire, il conçut quelques lueurs d'espérance; mais après qu'il eût découvert ces simptômes d'aliénation contre le Monarque près du siége du Gouvernement, il conclut que les parties vitales de la constitution étaient attaquées, et qu'il n'aurait pas de peine à détruire un État dont les forces naturelles étaient divisées et affaiblies. » (page 88.)

Robertson conclut avec une raison parfaite : « l'Empire du Mexique fut détruit par la jalousie des peuples voisins qui redoutaient sa puissance, et par la révolte des sujets qui gémissaient sous le joug, et qui brûlaient d'impatience de le secouer. Cortez effectua avec leur secours ce qu'il n'aurait jamais osé entreprendre sans lui. » (page 216.)

On le voit maintenant : non-seulement le Mexique n'était point, avant l'invasion des

Espagnols, la patrie du bonheur et de la tranquillité, mais toutes les causes de trouble, de déchirement, de révolution, y étaient en action imminente. Si Cortez n'était pas venu désoler cet Empire, il se serait désolé lui-même par ses divisions intestines ; il se serait livré sans défense aux tribus féroces dont il était environné.

Les premières victimes de la cupidité des Espagnols furent les habitans de l'île nommée aujourd'hui Saint-Domingue ; ce fut le premier établissement de Colomb. Ce peuple doux et timide souffrit beaucoup sans doute de l'oppression à laquelle il fut réduit ; mais, avant l'arrivée des Espagnols, était-il libre et paisible ? n'était-il pas exposé aux fréquentes incursions des Caraïbes, habitans des îles connues aujourd'hui sous les noms de la Guadeloupe, de la Dominique, de Marie-Galante, de Porto-Rico ? De l'aveu des insulaires, ces Caraïbes portaient sans cesse à Saint-Domingue la frayeur et la désolation ; et eux-mêmes, dont les mœurs étaient si féroces, que leur nom suffit aujourd'hui pour rappeler la cruauté la plus brutale et la plus horrible, ne connaissaient

pas sans doute toutes les douceurs de l'existence humaine. Généralement, la vie des
sauvages est, par bien des côtés, très-misé-
rable.

Quant à l'Empire du Pérou, il était ré-
cent comme celui du Mexique ; il ne s'était
aggrandi que depuis peu de temps lorsque Pizarre l'envahit ; ainsi, il venait seulement
d'échapper aux efforts, aux résistances, aux
combats, qui accompagnent tout aggrandis-
sement ; et alors, selon le cours naturel des
choses, les dissensions civiles succédaient
aux guerres étrangères. L'Empire était di-
visé entre deux frères, Huascar et Athaualpa, qui se faisaient une guerre acharnée.
Athaualpa, vainqueur, « fit mourir tous les
enfans du Soleil qui descendaient de Manco-
Capac, et qui tombèrent entre ses mains,
soit par force, soit par ruse. Un motif politique l'engagea à épargner quelque temps
la vie de l'infortuné Huascar, afin de pouvoir mieux établir son autorité sous son nom;
(il le fit mourir peu de temps après.) Le
général à qui Atahualpa avait donné le Gouvernement de Quito, fit arrêter le frère et
les enfans de son Maître, les fit mourir dans

les derniers supplices , et renonçant à toute liaison avec les deux Incas, il s'efforça d'établir un Royaume à part pour lui-même. » (page 256.) Il en fut de même de presque tous les gouverneurs particuliers.

Pizarre ne fit qu'imiter au Pérou la conduite que Cortez avait tenue au Mexique, et il fut secondé par des circonstances semblables ; les succès extraordinaires de l'un et de l'autre attestent qu'ils n'eurent à combattre que des peuples sans union et sans force, par conséquent sur le point de se détruire.

Et nulle part, sur la terre, la prospérité et la paix ne peuvent appartenir avec constance à une société humaine ; nous en exposerons les causes ; en ce moment, bornons-nous à reconnaître que s'il était une contrée où, par la réunion apparente de toutes les conditions heureuses, la prospérité et la tranquillité semblassent inaltérables, de ses avantages même naîtraient bientôt sa pauvreté et sa ruine ; elle succomberait sous l'affluence des étrangers, malheureux ailleurs, qui y chercheraient un asile, sous l'irruption des aventuriers qui viendraient y poursuivre la fortune, et sous la surabondance de ses propres habitans.

Mais il en est des sociétés humaines comme des individus qui les composent ; à toutes les époques de leur existence, elles jouissent et elles souffrent ; elles possèdent des biens précieux, et elles éprouvent des calamités. Elles passent toutes par les périodes successives de l'enfance, de la jeunesse, de l'âge mûr, de la vieillesse ; elles rencontrent, pendant la durée de chaque période, les biens et les maux qui en découlent, biens et maux qui diffèrent de ceux qui les ont précédés, mais qui toujours sont en équilibre ; et les contemporains des divers âges des sociétés humaines sont tous inégaux d'organisation, d'intelligence, d'instruction, de caractère, mais tous égaux de destinée, parce que chacun, par l'ensemble de ses facultés, est de niveau avec la période à laquelle il appartient, et que chacun, lorsque sa course est entière, passe lui-même par deux périodes égales de formation et de destruction, ou de jouissance et de souf-

france. Lorsque sa course n'a pas été entière, c'est la période de souffrance qui,
seule, a pu éprouver quelque diminution ;
et nous avons vu que cette diminution était
elle-même une compensation équitable.

CHAPITRE XXIV.

Passons maintenant à une objection que nous ne saurions discuter avec trop d'attention et de franchise.

On a dit, en invoquant le témoignage des personnes religieuses : si vous supposez que, sur la terre, les Compensations s'établissent généralement et avec exactitude, vous enlevez à l'homme qui est dans l'infortune, une pensée bien consolante ; en dédommagement de ses peines actuelles, il espérait des biens éternels.

Ce que nous cherchons, c'est la Vérité. Si, par l'effet d'un balancement précis, tous les hommes sont traités sur la terre avec égalité, par conséquent avec justice, il faut bien le reconnaître, indépendamment de la résistance que des opinions antérieures pourraient faire à une telle Vérité.

Soyons d'ailleurs convaincus que toute Vérité qui remplacerait une illusion, même la plus satisfaisante, porterait avec elle ses avantages, et qu'il y a toujours un côté funeste dans toute illusion, dans toute erreur.

La souffrance, lorsque nous l'éprouvons, est, sans doute, une chose positive ; chacun de nous s'en plaindrait, lors même qu'il serait seul dans l'univers. Mais aucun de nous n'est constamment dans la souffrance ; l'opinion que nous avons de notre sort est, en chacun de nous, une opinion relative ; nous la formons sur l'idée que nous prenons du sort des autres hommes ; et il serait bien difficile que cette idée fût exacte, si nous ne formions jamais d'autres raisonnemens que ceux qui nous seraient inspirés par notre inclination personnelle ; car nous sommes naturellement portés à exagérer nos propres peines et les avantages d'autrui.

Ce serait donc servir la tranquillité de la plupart des hommes que d'établir généralement la pensée d'un balancement équitable dans toutes les destinées humaines ; ce serait éloigner du cœur humain les sources les plus abondantes du murmure, de l'envie, du véritable chagrin ; ce serait, par conséquent, éloigner, des sociétés humaines, les sources les plus abondantes d'animosité et de discorde.

En second lieu, si vous faites, des biens éternels, la compensation de l'indigence et des peines terrestres, si vous persuadez, généralement, que tel est l'ordre établi par la suprême justice, vous entraînez la plupart des hommes à préférer, dans leur existence actuelle, la souffrance, la tristesse, le malheur. Quelle est l'âme sensible qui, regardant en espérance des biens célestes, et fortement frappée de cette image ravissante, ne se dévouera point, pour les obtenir, à toutes les privations, à tous les supplices ? Rendez une telle persuasion forte et universelle, rendez-la invincible, aussitôt la surface du globe devient une sombre Thébaïde; bientôt elle n'est qu'un désert.

Une Pensée qui ne pourrait devenir universelle sans entraîner la destruction de l'espèce humaine, doit-elle être uniquement regardée comme vraie, consolante et utile ? Réciproquement, ne doit-on pas regarder comme une pensée vraie, consolante et utile, celle qui ne pourrait devenir générale sans produire la tranquillité du cœur humain, et favoriser le calme des sociétés?

Les opinions des hommes sur les questions importantes oscillent alternativement entre les deux extrêmes, jusqu'à ce qu'ils s'arrêtent à la ligne de la modération ou de l'Equilibre, qui est celle de la Vérité. C'est ce que je crois avoir expliqué dans le Système universel; c'est ce dont je puis ici présenter un exemple.

Vers la chute de l'Empire Romain, les mœurs attribuées à Epicure étaient les mœurs générales. On avait pour principe qu'il fallait user le plutôt, et le plus vivement possible, des douceurs de la vie; que les chagrins de l'avenir devaient être étouffés d'avance par les jouissances du présent; et que l'ivresse de la volupté était la seule et véritable sagesse. Les suites funestes et inévitables de cet excès dans les mœurs et les principes finirent par frapper la plupart des hommes, et alors le cœur humain se porta vers un excès opposé; alors naquirent, ou se fortifièrent les opinions graves et mélancoliques; et

l'on ne s'y arrêta point ; on en vint jusques à
considérer toute privation comme un acte
de vertu, tout contentement comme un
danger, tout plaisir comme un crime. Au
culte de l'Olympe, à ses divinités joyeuses
et déréglées, succéda le culte de l'austérité,
du malheur et de la tristesse, culte qui, par
la répression de tous les penchans humains,
imprima une énergie outrée à tous les mouvemens de l'âme. C'est ainsi que se fonda,
pour des siècles postérieurs, la violence du
fanatisme le plus opiniâtre, le plus barbare,
mais, en même temps, la puissance extraordinaire de l'imagination et de la pensée.
Le temps devait venir où du mélange des
vertus fortes que l'austérité imprime, et des
lumières ainsi que du bien-être répandus,
malgré l'austérité, par les progrès de la civilisation, naîtraient les grands caractères
et les grandes choses. J'en ai essayé le tableau dans le Système universel ; bientôt,
dans cet ouvrage même, il trouvera de nouveau sa place ; mais, on le sent déjà, ce
temps ne pouvait être que celui où l'austérité, ayant perdu tout son excès, s'apprêtait
encore à décroître et bientôt à disparaître.

Et aujourd'hui , ne faut-il pas que le progrès continue ? L'espèce humaine , fatiguée de recueillement et de contrainte , va-t-elle se jeter de nouveau vers la dissipation et les maux qu'elle entraîne ?.... S'il en est ainsi , ne serait-il pas utile de l'arrêter , par des opinions saines , à la modération , à la Sagesse , à la Vérité ?

CHAPITRE XXV.

J'ai promis une discussion franche et attentive. Cet engagement, que mon sujet exige, m'entraîne à ajouter les réflexions suivantes à celles que je viens de présenter.

Au moment où une Religion s'efface, il est naturel qu'elle soit regrettée d'un grand nombre d'hommes, de femmes surtout, qui, plus sensibles que les hommes, plus mobiles, oublient avec plus de facilité les inconvéniens des choses qui ont existé, et n'en considèrent que les avantages.

Lorsque la Religion Chrétienne prit naissance, elle fut douce, tolérante, non exclusive, peu chargée de dogmes, et cependant pure de doctrine, et pratiquée avec ardeur. Les premiers hommes qui l'adoptèrent avaient reçu, de leur siècle, le fonds général de leurs idées, de leurs habitudes; et leur siècle était celui d'une civilisation très-avancée, par conséquent d'une Philosophie indulgente, car la Philosophie dans les idées, et l'indulgence dans les mœurs, sont au nombre des fruits naturels de la civilisation.

Ainsi, le Christianisme, à sa naissance, était mélangé de Philosophie; celle-ci s'était unie à la Religion naissante comme moyen de transition, mais comme moyen transitoire lui-même, qui chaque jour tendait à disparaître.

Peu à peu, la Philosophie ancienne s'éteignit; le Christianisme, réduit à lui-même, prit la direction convenable à son caractère; l'Evangile, livre austère, dogmatique, conduisit les mœurs à l'austérité, et les pensées aux dogmes; les premiers Chrétiens s'étaient montrés pleins de soumission, de discrétion, de tolérance; les seconds Chrétiens furent exclusifs, intolérans, Catholiques, parce qu'ils furent conséquens,

Cet état d'âpreté, d'intégrité chrétienne, de Catholicisme sans affaiblissement et sans mélange, dura jusques à la renaissance des lettres, et quelque temps au-delà. Mais, peu à peu l'étude de la littérature ancienne

fit rentrer dans la société les mœurs anciennes, et, dans les opinions, l'ancienne
Philosophie. Alors commença la *Réforme*,
c'est-à-dire le retour vers le Christianisme
confus et indécis, tels que les premiers Chrétiens l'avaient pratiqué,

Le progrès de la Réforme, toujours proportionné au progrès de la civilisation et des
lumières, fut nécessairement, pour le Christianisme, un progrès de chute successive.
La Philosophie se releva; elle prit même,
à la faveur des Sciences positives, un élan
supérieur à celui de la Philosophie ancienne;
elle se prépara à remplacer, à son tour, le
Christianisme qui autrefois l'avait remplacée.

Et comme les habitudes imprimées par
une Religion dogmatique sont très-enraci-
nées, et que de telles habitudes survivent
long-temps à la chute des opinions, il se
forma, vers le milieu du siècle dernier, une
génération d'hommes, Chrétiens de nom et
d'habitude, Philosophes de mœurs et d'o-
pinion.

Nous voyons les restes de cette génération. Il est encore parmi nous un certain
nombre d'hommes qui, pendant leur en-

fance, ayant reçu une éducation mélangée
de Philosophie et de Christianisme, ont
resté vaguement attachés aux institutions et
aux dogmes chrétiens; mais ils n'ont aucune
persuasion; ils évitent de réfléchir à l'ancienne doctrine; ils semblent redouter qu'elle
ne pût soutenir l'examen; ils sont pleins de
tolérance pour les hommes qui l'ont aban-
donnée; si de tels hommes sont aimables,
ils les aiment; s'ils sont estimables, ils les
estiment. Ils ne supposent plus que l'on ne
puisse être bon et estimable sans être Chrétien.

Dans une telle disposition, la Religion
est-elle un frein, une consolation, une
source de Principes, un régulateur des sentimens, des désirs, de la conduite? Non;
ce n'est plus une Religion; c'est une habitude aveugle et mécanique; c'est comme
un vêtement devenu flexible et commode,
parce qu'il a été porté long-temps; mais un
vêtement n'est qu'une chose extérieure; il
n'adhère point à l'Être qu'il recouvre; s'il
le défend contre l'intempérie des saisons, il
ne le préserve, ni du malheur, ni du cha-

grin, ni de l'erreur dans les jugemens et la conduite.

C'est donc maintenant à un autre ordre d'idées que l'homme doit s'adresser pour acquérir la plus importante propriété intérieure, la règle de ses actions et de ses sentimens.

Il est un Livre célèbre, et bien digne de sa célébrité, qui montre jusques à quel point le Christianisme bien entendu est une Religion d'austérité, de tristesse, de privation, de pénitence, combien par conséquent il est devenu étranger aux mœurs et aux idées amenées par la civilisation. Ce Livre est l'*Imitation de Jésus-Christ;* entièrement fondé sur l'Evangile, il met en action l'esprit du Christianisme; il porte sans cesse, et par une impulsion profonde, les âmes vives, les âmes tendres, vers toutes les dispositions qui ont, pour effet, le recueillement, les mortifications, l'abstinence; et les âmes tendres, les âmes vives, lorsqu'elles se laissent pénétrer par les maximes de ce Livre, lorsqu'elles en font leur nourriture habituelle, ne se modèrent plus dans ces dispositions aux sacrifices et à la contrainte; elles courent rapidement dans la carrière ascétique; elles vivent de contemplation et d'austérité.

L'Imitation de Jésus Christ est un Livre éminemment monastique; il a été un temps où il peuplait les cloîtres de Religieux sincères, et où chaque Religieux sincère le savait par cœur. Or, à l'époque où il y avait beaucoup de Religieux sincères, l'esprit monastique était nécessairement l'esprit du siècle; le livre de *l'imitation* était le Livre le plus universellement répandu; la multiplicité des exemplaires, surtout en format très-portatif, égalait, surpassait même celle qui, postérieurement, a distingué les Fables de La Fontaine; c'était plus qu'un Livre classique, c'était le Livre universel. Rien n'est plus frappant, aujourd'hui, que le témoignage qui lui était rendu, il y a un siècle, par Fontenelle, ce Philosophe si peu disposé par caractère aux impressions mystiques; il avait dit : *le plus beau Livre qui soit sorti de la main des hommes, puisque l'Evangile n'en vient pas.* Ce mot, que l'on trouve comme épigraphe sur plusieurs éditions, était le jugement d'une très-grande partie de la génération contemporaine.

Aujourd'hui, ce Livre célèbre se restreint aux bibliothèques ; c'est là que le Philosophe le dépose avec respect, comme monument très-précieux de l'exaltation profonde, et, sous bien des rapports, profondément heureuse, dans laquelle le Christianisme a tenu si long-temps le cœur humain.

CHAPITRE XXVI.

Un Principe vrai, ce qui veut dire fondé sur les lois naturelles, ne peut pas avoir pour objet de changer la nature de l'homme; au contraire, il doit la seconder, l'affermir, et, pour cet effet, tendre à mettre, dans les dispositions du cœur humain, du calme, de l'égalité, de la permanence.

Ainsi, le Principe des Compensations ne fera jamais, par exemple, qu'un Père de famille, voyant naître un de ses enfans disgracié, soit aussi satisfait que si ce même enfant annonçait d'avance toutes les qualités heureuses. Le premier mouvement sera pour la Nature; ce sera un sentiment d'affliction. Le second mouvement, ou les seconds mouvemens, seront pour la raison, pour les lois universelles; et il en naîtra un sentiment de consolation. Cet enfant, dira le Père de famille, ne sera pas plus malheureux que si la Nature l'eût comblé de ses faveurs ; sa valeur sera inférieure ; mais son sort sera le même. Et moi, dont le sort, dont l'existence, se composent de tout ce qui est en moi, de tout ce qui m'appartient, j'aurais senti mon existence s'étendre par la propriété nouvelle d'un enfant très-favorisé ; cette extension serait d'avance, pour moi, la source de jouissances ravissantes ; mais elle m'aurait exposé à des peines si cruelles ! et, dans ce pauvre enfant, que la Nature semble avoir traité avec tant de rigueur, ne trouverai-je pas, si je le traite moi-même avec bonté, une douceur, une patience, une reconnaissance, un genre de qualités, un genre de secours, qu'un caractère vif et brillant lui auraient rendus impossibles ?

Comparons maintenant au Père de famille pénétré de ce principe, un Père de famille, également sensible, et, de plus, profondément Chrétien. S'il est réellement Chrétien avec profondeur, si, pour cette raison, il est sincère et conséquent dans toutes les idées que sa Religion lui imprime, il doit tendre à étouffer en lui-même le sentiment de tous les biens qui lui sont offerts par la

Nature. La Religion Chrétienne a , pour esprit, de faire aimer le malheur. La naissance d'un enfant disgracié sera, pour un tel Père, une mortification d'origine céleste, dont il sera lui-même dédommagé dans le Ciel, comme de toutes ses autres afflictions,

On voit que les pensées du Chrétien, lorsqu'une peine lui est envoyée, font effort pour tourner cette peine en jouissance ; et, malgré la Nature, elles y parviennent plus ou moins ; ce qui fait, de ces pensées, plus encore qu'un système de consolations ; mais c'est précisément ce qui amène le balancement de leurs avantages. Tandis que le Principe des Compensations invite à supporter la souffrance, à lui pardonner, et c'est tout ce que la Nature demande, le Christianisme demande plus que la Nature ; il invite l'homme à bénir la souffrance ; il l'entraîne par conséquent à l'appeler, à l'augmenter ; on sait qu'il a produit cet effet partout où il a été ardent et sincère. Mais tout ce qui est excès est nécessairement source de réaction violente, par conséquent de fortes vicissitudes. Si le Père de famille, que je viens

de prendre pour exemple, est d'un caractère très-animé, on le verra alternativement
remercier la Providence de lui avoir donné
un fils disgracié, et rebuter ce pauvre enfant, l'accabler de mauvais traitemens et de
reproches.

L'histoire des Chrétiens ardens et sincères ne présente jamais qu'une succession
de dispositions en contraste, et d'une lutte
acharnée, d'alternatives tranchées, entre ces
dispositions. Les hommes d'un tempérament doux et froid peuvent seuls être Chrétiens avec permanence et avec calme. La vie
des Chrétiens naturellement passionnés se
compose nécessairement de vertus et de fautes, d'extase et de remords, de mouvemens sublimes et de sentimens désordon-
nés; c'est une suite d'orages, qui tantôt fé-
condent l'âme, tantôt y portent le ravage.
Le Principe des Compensations y porte
moins d'éclat, et plus de sérénité.

CHAPITRE XXVII.

Mais on insistera sur un sentiment très-respectable; on dira : fermer au cœur humain l'espoir d'une seconde existence, c'est le dessécher, le désoler; et sur quoi fonderez-vous la nécessité, la justice d'une vie meilleure, d'une vie de dédommagement et de récompense, si déjà, sur la terre, toutes les destinées humaines sont d'une parfaite égalité ?

Je dirai à mon tour; si la distribution des destinées humaines, dans la carrière fugitive que nous parcourons, était inégale et très-souvent injuste, sur quoi le cœur humain fonderait-il le sentiment de la justice du Créateur ? Qu'au début de son règne, un Souverain ne se fît connaître que par des actes de partialité et de caprice, ses sujets seraient-ils portés à en conclure qu'il n'agira dans la suite que conformément à l'équité ? Je prie les hommes estimables d'y

réfléchir : la pensée d'un balancement équitable dans les destinées humaines ne donne-
t-elle point à notre âme une disposition paisible, religieuse, salutaire ? Et la pensée de
l'inégalité, de l'injustice, n'y porte-t-elle pas
le mécontentement et le trouble ? Sans doute,
quelques hommes très-résignés, persuadés
cependant que la justice du Créateur doit
être égale à sa puissance, fonderont sur les
maux qu'ils éprouvent l'espoir de récompenses futures, et, comme je l'ai dit, si leur
espoir se change en certitude, ils seront
conséquens, ils appelleront volontairement
la souffrance ; ils se condamneront, sans
utilité pour leurs semblables, aux privations et aux larmes ; ils augmenteront, au
détriment de leur corps et de leur intelligence, leur part d'amertume et de douleur.

C'est ainsi que, sans y avoir réfléchi, ils
se seront laissés conduire à prêter au Créateur un système d'inégalité très-forte et
très-injuste ; car si des biens éternels, et
au-dessus de toute idée, doivent être le partage des hommes qui, sur la terre, naissent dans l'indigence, et vivent dans la
douleur, qu'est-ce qu'un siècle même de

privations et de souffrances, si ce n'est un privilége extraordinaire d'inexprimable félicité ; et, au contraire, qu'est-ce qu'un siècle même de bonheur terrestre et d'opulence, si ce n'est un privilége extraordinaire d'inexprimable malheur ?

Reconnaissons-le ; il est peu d'hommes aujourd'hui qui puissent donner une telle direction à leur sensibilité et à leurs idées ; presque tous s'aigrissent dès l'instant où ils sont atteints par les peines et l'injustice, et alors, les uns blasphèment la Divinité en l'accusant de caprice ou d'indifférence sur le sort des hommes ; les autres, et c'est le plus grand nombre, rejettent la pensée d'un Ordonnateur suprême des hommes et des choses ; ils ne voient, dans la formation et les rapports des Êtres, que les combinaisons discordantes d'un aveugle hasard.

Il n'en point ainsi de celui qui reconnaît, dans la distribution des destinées humaines, même sur la terre, l'exécution constante des lois de la justice ; obligé, chaque jour, de céder au temps une portion des biens de la jeunesse, il s'efforce, par tous les moyens honorables, d'améliorer, par dédommage-

ment, les autres conditions de son sort ; il
ne porte envie à celui de personne ; il s'ac-
commode aux défauts des hommes avec lesquels il est habituellement en relation ; sa
patience, son indulgence, à leur égard, pro-
cèdent de ce qu'il a appris à découvrir, en
même temps, les qualités heureuses des-
quelles ces défauts émanent, et de ce qu'il
ne saurait être lui-même sans défauts. Il
n'abandonne point faiblement aux hommes
injustes ses droits légitimes ; mais il les
cède sans murmure, lorsque la voix qui le
lui commande est celle de la nécessité ; son
premier soin est de se conduire de manière
à n'avoir que le moins possible de reproches
à se faire, et, pour cela, de modérer l'exigence qui lui est naturelle, de désirer avec
sagesse, c'est-à-dire de fixer la mesure de
ses vœux sur celle du bien qu'il fait à ses
semblables ; alors il se met en paix avec la
Société et la Nature ; alors aussi, ses peines
n'ont plus d'amertume, parce qu'il sent bien
qu'elles ne sont point son ouvrage ; elles ne
sont, à ses yeux, que le juste prix des biens
qu'il a reçus de la Nature ou de la Société.

Il me semble qu'une telle manière de voir

doit satisfaire les âmes douces, délicates, qui donnent encore plus de prix aux senti-mens consolateurs qu'à la raison même ; et j'ajouterai, pour elles, que la Doctrine des Compensations, n'excluant pas le mérite de l'homme, est loin de présenter comme inu-tiles et invraisemblables des récompenses futures. Elle n'exclut pas le mérite de l'homme, car elle l'invite, au contraire, à retenir ses passions, à ne pas poursuivre des jouissances excessives, à ne pas entasser tous les biens de la vie sur un petit nombre de momens, à tenir sagement en réserve les moyens de contenter l'avenir : à de telles conditions, le balancement existe toujours dans l'ensemble de la vie, mais il se distri-bue avec ordre et continuité sur ses diverses périodes ; et alors, l'âme, composée avec harmonie, avec force, peut devenir suscep-tible d'une prérogative refusée à celle qui, agitée trop rapidement, et de trop bonne heure, est tombée dans un tel état d'épuise-ment ou de désordre, qu'elle a perdu tout moyen de renouveler l'existence de l'Être qui la posséda....

.....Je m'arrête ; ce n'est point ici le lieu

de traiter un sujet de si haute importance.
Je ne pourrais être entendu qu'en disant
tout ce que je crois avoir aperçu sur la Nature de l'homme et sur la composition de
l'Univers. Je l'ai dit ailleurs; je le dirai de
nouveau, et beaucoup mieux, car depuis
que j'ai publié le Système universel, j'ai
étudié de tout mon zèle, médité de tous
mes efforts, corrigé, perfectionné; ce que
je fais encore avec toute l'attention dont je
suis capable; chaque jour, les travaux de
l'homme, et les événemens des peuples, me
conduisent, m'éclairent; je m'impose le
devoir de tout observer, de tout employer.
Le moment d'appeler la pensée de mes contemporains sur l'ensemble des choses n'est
pas entièrement venu; mais il s'avance; pour
les disposer à m'écouter avec intérêt, je
leur présente un ouvrage partiel, mais dont
le sujet est le plus grand, le plus important, qui puisse être détaché du cadre général.

CHAPITRE XXVIII.

Ce sujet est le Principe de l'Equilibre spécialement appliqué à la distribution morale et politique des destinées humaines. Je crois maintenant l'avoir exposé avec assez de précision et de clarté, pour que l'on ne puisse plus être incertain sur la manière dont il produit l'égalité du sort des hommes. Il ne m'en coûte point de répéter que lorsque je publiai mon premier ouvrage, ce Principe, présenté vaguement, ne pouvait être que mal-entendu. Par les détails auxquels je m'abandonnai, j'entraînai mes lecteurs à croire que, selon ma pensée, on pouvait trouver, dans le cours de la vie humaine, la compensation spéciale de tous les événemens, soit heureux, soit malheureux, de toutes les qualités, soit avantageuses, soit désavantageuses, dont le sort de chaque individu se compose. Ce n'est point ce que j'avais voulu dire. Sans doute, cette compensation existe ; chaque chose, d'un genre quelconque, est spécialement balancée, dans le cours de la vie humaine, par une ou plusieurs choses d'un genre opposé. Mais il est impossible à l'imagination et au raisonnement de l'homme de saisir et d'assigner ces compensations partielles ; la complication des causes, des effets, des accidens, des conditions, des qualités, étant extrême, on ne peut jamais isoler, et évaluer avec précision, une circonstance particulière, un bien ou un mal particuliers. Mais c'est l'ensemble de la vie qui, lorsqu'elle est entière, se compense exactement par lui - même. Cette compensation, cette exactitude, dans le sort de chaque individu parcourant tout le cercle de la vie, sont rigoureusement nécessaires et faciles à saisir. Le sort de chacun de ces individus peut être représenté par le mouvement entier d'un mobile lancé au-dessus de la surface de la terre. Ce mouvement entier est toujours composé, comme la vie de l'homme, de deux sommes égales, l'une d'ascension, l'autre de chute. Il y a cette différence que l'ascension de l'homme, ou sa formation, n'est jamais uniforme et régulière ; tantôt elle est rapide ; tantôt elle se ralentit ; elle est quelquefois suspendue ; souvent même ce mouvement d'ascension est remplacé par un mouvement rétrograde, ou se combine avec ce mouvement ; c'est-à-dire que certains organes se développent, se fortifient, tandis que d'autres s'altèrent, s'affaiblissent. Il en est de même de la destruction ou chute ; quelquefois lente, quelquefois rapide, quelquefois suspendue, elle est souvent modifiée, dans plus ou moins d'organes, par un retour passager du mouvement d'ascension ou de formation.

Mais, dans la vie de chaque individu, il y a nécessairement un point le plus élevé ; et les deux branches, dont l'une se termine à ce point le plus élevé, dont l'autre y prend naissance, sont nécessairement d'une longueur égale. Les accidens, soit heureux, soit malheureux, les circonstances, soit avantageuses, soit funestes, qui rompent l'uniformité de ces deux lignes, s'effacent dans l'ensemble, et ne peuvent empêcher le point le plus élevé d'être à égale distance des deux points fixes et de niveau, la naissance et la mort. Monter très-vite depuis la naissance, c'est se former rapidement, c'est jouir vivement ; monter le plus possible, c'est jouir le plus possible pendant la ligne d'ascension et au terme de cette ligne ; tomber lentement vers la mort, c'est souffrir long-temps, mais faiblement, sur chaque point de cette ligne prolongée ; tomber avec vitesse, c'est souffrir beaucoup, mais peu de temps ; tomber du point le plus élevé que l'homme puisse atteindre, c'est parcourir, en souffrant, un espace égal à celui de l'ascension.

Il n'est que cette manière d'évaluer le sort de l'homme qui puisse être juste et positive ; toute autre égare nos jugemens. Lorsque nous considérons partiellement, dans le sort des individus qui nous environnent, certains accidens, certaines afflictions, nous ne prenons pas, en entier, la place de ces individus ; je veux dire qu'en jugeant ce qu'ils éprouvent, nous gardons notre place, notre caractère, nos idées, nos habitudes ; nous supposons qu'ils éprouvent ce que, dans les mêmes circonstances, nous éprouverions. Nous sommes toujours ainsi dans l'erreur ; car il n'est pas deux hommes qui ne diffèrent plus ou moins l'un de l'autre, par leurs idées, leurs habitudes, leur caractère , leur organisation.

Nous devons encore nous défier de notre amour-propre lorsque nous parlons de notre sort, et que nous le comparons à celui de nos semblables. Nous aimons secrètement à penser que nous avons reçu une sensibilité plus vive , plus profonde , que celle du commun des hommes, que, pour cette raison, certaines peines, d'une action pénétrante, et d'un genre flatteur ne s'adressent qu'à nous, comme étant seuls dignes de les sentir. Dans cette supposition , nous nous laissons aller à faire valoir notre chagrin , à nous dire, à nous croire, les plus malheureux des hommes ; ce qui est un plaisir intérieur , quelquefois plus vif et plus véritable que notre chagrin.

Enfin, sur toutes les choses qui nous intéressent, ou que nous désirons connaître, les apparences, lorsqu'elles sont très-soutenues, très-multipliées, fondent en nous des idées qui sont inexactes, mais qui parviennent à une grande consistance, et que la réflexion ne détruit que très - difficilement.

Rien n'est plus démontré aujourd'hui que le mouvement de notre globe sur lui-même ; cependant, que de contradictions et de peines ce fait si positif n'a-t-il pas causées à celui qui, le premier, l'a soutenu ! Galilée n'avait pas vu la Terre tourner sur son axe ; au contraire, à ses yeux, comme aux yeux de tous les hommes, la Terre semblait immobile, et le Soleil paraissait tourner autour d'elle. Mais les raisonnemens généraux conduisaient l'esprit de Galilée, et son esprit rectifiait le jugement de ses yeux.

De même, il règne une extrême variété dans le sort des hommes ; les apparences nous portent tous à confondre cette variété avec de l'inégalité ; la Raison, embrassant l'ensemble des causes et des effets, a de la peine à dissiper ces apparences.

Ainsi, je dois m'attendre à ce que le Principe de l'égalité parfaite dans les destinées humaines paraîtra, quelque temps encore, un paradoxe ; c'est le sort de toutes les idées, à la fois vraies, importantes, et nouvelles, qui combattent des erreurs naturelles, et, pour cette raison, généralement répandues. Mais on examinera ce Principe ;

et chaque jour, l'examen, la réflexion, le démontreront davantage ; il finira par s'établir dans la persuasion publique ; et alors, par cela même que l'observation, dirigée par la Raison, le confirmera sans cesse, il deviendra inébranlable. Mais il ne forcera point les hommes à suivre constamment sa direction, et à pratiquer invariablement ses conséquences ; quel principe a jamais commandé aux hommes d'une manière irrésistible ? Il se prêtera quelquefois à des interprétations malheureuses ; serait-il bon, serait-il salutaire, s'il était de nature à ce que l'on ne pût en abuser ? Il ne donnera point aux hommes un bonheur soutenu, un bonheur parfait ; quel Principe pourrait jamais constituer le sort de l'homme en opposition directe avec les lois de la Nature ?

Mais le Principe des Compensations sera le seul convenable aux générations prochaines, parce que ces générations, éclairées par la connaissance de ce qui est, ne pourront admettre que des pensées vraies, de même que les générations antérieures, pour qui la Nature était un mystère, ne pouvaient admettre que des pensées imaginaires,

qui se rapprochaient plus. ou moins de la
Vérité, selon que ces générations étaient
plus ou moins près de parvenir à connaître
l'ordre et l'ensemble de ce qui est.

Science universelle dans la pensée des
hommes instruits, et *Vérité parfaite* dans
les dogmes publics, ne peuvent manquer de
se montrer à la même époque sur la Terre;
il n'est pas possible que l'une n'amène l'autre; il n'est pas possible que la connaissance
du Système de l'univers, ne fonde invariablement, dans l'esprit de l'homme, le Principe de l'Equilibre dans les destinées humaines, puisque le Système qui règle, ani-
me, conserve l'univers, ne peut être que le
Principe de l'Equilibre universellement et
constamment en exercice.

Et il sera néanmoins nécessaire que la
Doctrine des Compensations, quoique rigoureusement vraie, ressemble, en un point
essentiel, à toutes les erreurs dogmatiques
qu'elle aura remplacées; ainsi que ces erreurs, elle portera au sort de l'homme de
grands biens et de grands préjudices; cet
ordre est juste, conforme au Principe même
des Compensations; les générations succes-

sives, tout en changeant sans cesse de destinées , ne doivent-elles pas être toutes égales
en bonheur et en malheur ?

En chacun de nous, le réveil remplace
le sommeil ; ces deux états, si différens, si
opposés , nous sont également bons, également nécessaires ; leurs avantages croisés se
font mutuellement équilibre.

Ainsi, l'Esprit humain, au terme de ses
songes, mis en possession de la Raison, de
la Vérité, de la connaissance générale des
choses et de leurs rapports, ne sera plus susceptible d'illusions ; celles-ci avaient souvent
de grandes douceurs, mais alors entraî-
naient des suites bien funestes ; car le fanatisme des âmes ardentes n'est autre chose
que leurs efforts pour contraindre les illusions à se convertir en réalités.

Sous l'empire de la Raison et de la Vérité, la puissance de l'imagination n'étant
plus la première en influence, la vie intel-
lectuelle aura moins de secousses, moins
d'agitation, mais aussi moins d'éclat, moins
de charmes ; l'homme ne se livrera plus à
la pensée, noble sans doute, mais orgueil-
leuse , qu'il peut être Créateur en politique,

en morale ; il ne songera plus à changer la marche de la Nature, mais à la suivre ; il ne travaillera plus à améliorer ses opérations, mais à les bien connaître ; il ne chantera plus en poëte ses beautés et ses mystères ; il recevra en Philosophe ses lois et ses bienfaits.

CHAPITRE XXIX.

Le Principe des Compensations dans les destinées humaines étant la première Vérité morale et sociale, ne peut manquer d'ouvrir aux méditations de l'homme une carrière vaste et d'un grand intérêt. Chacune des facultés de l'individu, chacune des circonstances de sa vie, chacune des conditions de son existence pourront devenir, pour lui même, ou pour d'autres que lui, l'objet d'un examen important. On se plaira à chercher quel est, ou quel sera, le balancement entraîné par ces facultés, par ces circonstances, ou de quelles conditions antérieures elles sont déjà le balancement.

Ecrire en grand l'histoire d'un Peuple ne pourra plus être que tracer successivement le cours des faits qui l'ont composée, en appliquant le Principe des Compensations au jugement de chacun de ces faits, et en considérant leur balancement continu et

nécessaire comme le Fair principal et essentiel.

Il en sera de même de l'histoire des
hommes célèbres ; il en sera de même encore
des Romans de caractère et de mœurs. Ils
ne pourront intéresser et instruire que
comme tableaux de vérités morales, assorties entre elles selon le plan d'Equilibre
imposé à la Nature ; l'Esprit humain, frappé de cette idée : que la loi du balancement continu est la Loi générale et éter-
nelle, voudra la voir en exercice jusques
dans les créations de l'imagination humaine ;
et cet ordre de créations, d'observations,
de tableaux, continuera d'avoir un avantage sur les recherches, les observations,
les théories, présentées par les Sciences exactes ; celles-ci marchent sans cesse avec précision, parce que leurs objets sont visibles
et simples ; cette rigueur dans les procédés
d'observation, cette précision dans les résultats, donnent à l'esprit les douceurs du
repos, et les satisfactions de l'évidence ;
mais il est naturel à l'esprit de l'homme de
préférer habituellement les plaisirs du mouvement aux douceurs du repos, et, pour

cette raison, le vague des aperçus délicats à
la symétrie des démonstrations rigoureuses;
notre sagacité ne pourra donc trouver qu'un
exercice attrayant dans les tableaux de mœurs,
dans les définitions de caractères, dans
l'explication des destinées individuelles, conformément au Plan général, parce que les
données en ce genre seront toujours trop
nombreuses, trop fugitives, trop mélangées
d'accessoires indéterminés, pour pouvoir
jamais être positives.

Ainsi, à l'aide du Principe des Compensations dans les destinées humaines, notre
imagination trouvera une nouvelle source
des divers exercices qui l'alimentent; ces
divers exercices sont l'invention, les conjec-
tures et le sentiment.

Déjà l'un des Écrivains modernes qui se
sont le plus distingués par le talent de mettre en scène des observations vraies, judi-
cieuses, piquantes, s'est laissé conduire,
par le besoin de peindre la société, à la
composition d'un Roman (Eugène et Guil-
laume), où les personnages, les événemens,
les situations, et les diverses périodes de la

vie humaine, sont balancées avec beaucoup de raison et de finesse.

J'ai moi-même placé, à la suite de mon premier ouvrage, deux volumes de *Nouvelles*, où peut-être le sentiment domine, parce que c'est une Femme très-sensible qui m'en a fourni le canevas.

Et cette Femme, la compagne de ma vie, a encore uni ses compositions aux miennes dans un ouvrage que nous avons destiné aux enfans. Nous y avons mis fréquemment en action, ou en récit, le Principe des Compensations, parce qu'il n'en est pas de plus usuel dans la vie, même dès l'âge le plus tendre.

Un jour peut-être, si le temps m'en est laissé, je me livrerai à une invention que depuis long-temps j'aime à poursuivre ; mais un objet plus pressant doit m'occuper : c'est d'établir méthodiquement, correctement, sous forme de Système graduel et général, l'ensemble des Faits dont la Nature a permis à l'homme l'étude et la connaissance. C'est à quoi je consacre mon zèle.

En ce moment, je ramène le Lecteur vers l'ouvrage partiel, dont j'ai cru devoir

faire le précurseur de celui que je lui annonce. Il va suivre l'application du Principe des Compensations à la destinée de
quelques Personnages illustres. Je les ai
pris dans les deux derniers siècles de notre
histoire. Mon dessein, ainsi que je l'ai dit
dans ma Préface, a été de montrer comment les personnages les plus éminens, les
plus remarquables, appartiennent cependant,
par les conditions essentielles de leur existence, à la Loi générale de l'existence humaine, et, en même temps, comment cette
Loi générale balance, les uns par les autres,
les effets successifs de la civilisation.

NOTE

DES OUVRAGES DE M. AZAÏS,

Que l'on trouve chez lui , rue du Guay-Trouin , n° 3 (1).

Du Sort de l'Homme dans toutes les conditions; du Sort des Peuples dans tous les siècles; et, plus particulièrement, du Sort actuel du Peuple Français. 1 vol. in-12.   4 fr.

Jugement impartial sur Napoléon, ou, Considérations philosophiques sur son caractère, son élévation, sa chute, et les résultats de son gouvernement; suivies d'un parallèle entre Napoléon et Cromwell, entre la Révolution d'Angleterre et la Révolution française. 1 vol. in-8°.   5 fr.

Des Compensations dans les destinées humaines, troisième édition, considérable-

---

(1) Cette rue est masquée par une clôture en bois qui s'ouvre entre le n° 6 et le n° 8 de la rue de l'Ouest, derrière le Luxembourg. On aboutit à la rue de l'Ouest, d'un côté par la rue de Madame, de l'autre côté par la rue d'Assas.

ment augmentée, 5 vol. in-8°, avec une
belle gravure servant de frontispice, 15 fr.

Correspondance philosophique, ou Lettres
à M. de Châteaubriand.   8 fr.

Manuel du Philosophe, ou Principes éternels. 1 vol. in-12.   2 fr.

Le Nouvel Ami des Enfans, par M. et
Mme Azaïs. 24 vol. in-18, avec deux gra-
vures à chaque volume.   25 fr.

Un mois de séjour dans les Pyrénées. 1 vol.
in-8°.   3 fr.

Explication et emploi du magnétisme ; par
MM. Bapst et Azaïs. 1 vol. in-8°. 2 fr.

Système universel. 8 vol. in-8°.   35 fr.

Les trois premiers volumes de cet ouvrage ayant
paru plusieurs années avant les cinq derniers, ceux-ci
se vendent séparément ; et l'Auteur en a fait un ouvrage particulier, en plaçant, à la tête de ces cinq volumes, un précis des trois premiers.

Prix des cinq derniers volumes   20 fr.